Reisen in die Heimat

Band 2

Eva Effertz/Mark vom Hofe

VIERFLÜSSELAND

regionale 2010

Eva Effertz
Mark vom Hofe

Reisen in die Heimat Band 2

Vierflüsseland

J.P. Bachem Verlag

regionale2010

Bildnachweis:
Titelbild: Regionale 2010

Atelier Prof. N. Fritschi, B. Stahl, G. Baum: S. 107; Barke, Rufus: S. 138 o., 140; Bayer Business Services/Corporate History & Archives: S. 22 o., 25; Café Strandgut: S. 14, 33; Effertz, Eva: S. 8 f.,10 u., 11, 13, 15, 19–21 o., 21 u., 22 u., 23 o., 26, 29 u.–32, 34–38, 40 f., 44, 48, 53, 54 u.–56, 58–61, 63 f., 67, 69, 70 o., 74, 77, 80, 83, 84 o., 85–91, 93, 96, 97 Mi. und u., 98 f., 101–106, 108, 109 u., 119, 133–136 o.; Förderverein Schiffsbrücke Wuppermündung: (Foto: Bleikertz) S. 45, (Foto: Kölnische Rundschau, Foto 5-1986) S. 29 o.; © Irmscher, M.: S. 21 Mi.; Luhr, Anton: S. 141; Mattes, Peter: S. 129 u., 130, 132; Nordrhein-Westfalen-Stiftung Naturschutz, Kultur- und Heimatpflege: S. 68, 70 Mi. und u.; Pawlik, Marian: S. 16, 28, 39, 43, 47, 95, 97 o.; Polke, Rainer: S. 62 u., 65 f., 71 u., 72 u., 76 u., 122 u., 123; Regionale 2010-Agentur: S. 57, 76 o., 78, 121, 122 o.,136 u. f.; Schnell, Fritz: S. 23 u.; Stadt Bergisch Gladbach: S. 142; Stadt Leverkusen: S. 24, 27, 46; © Stadt Solingen – Der Oberbürgermeister – Nr. 2009-2278: S. 109 o.; vom Hofe, Mark: S. 10 o., 51–52 o., 54 o., 62 o., 75, 92, 110 f., 113–118, 120, 124–127, 131, 138 u. f., 143; vom Hofe, Mark, Ansichtskartensammlung: S. 52 u., 73; Wikimedia Commons/Luidger: S. 128*; Wikimedia Commons/public domain: S. 84 u., 129 o.; Wupperverband: S. 42, 71 o., 72 o. und Mi.
*freigegeben unter CC-BY-SA-3.0, siehe: http://creativecommons.org/licenses/by-sa/3.0/

Bibliografische Information der Deutschen Nationalbibliothek
Die Deutsche Nationalbibliothek verzeichnet diese Publikation in der Deutschen Nationalbibliografie; detaillierte bibliografische Daten sind im Internet über http://dnb.d-nb.de abrufbar.

1. Auflage 2010

Redaktion: Martina Dammrat, Christoph Hölzer, Reimar Molitor und Miriam Moser, Köln
Lektorat: Angela Ritter, Bergisch Gladbach
Bildredaktion: Aurette Liese, Köln
Kartengestaltung: KGS Schlaich, Geislingen
Kartenausführung: Angelika Solibieda, cartomedia, Karlsruhe
Einbandgestaltung und Layout: Heike Unger, Berlin
Reproduktionen: Reprowerkstatt Wargalla GmbH, Köln
Druck: Grafisches Centrum Cuno, Calbe
Printed in Germany
ISBN 978-3-7616-2331-2

Titelbild: Der Wipperkotten – in dem wasserbetriebenen Schleifkotten werden bereits seit Jahrhunderten Solinger Klingen hergestellt.

Vom Reisen in die Heimat

Mark vom Hofe

In die Heimat reisen, die gewohnte Umgebung mit anderen Augen sehen, Bekanntes wiederentdecken und Neues erkunden – das ist das Ziel der Buchreihe **Reisen in die Heimat**. Möglich wird dies durch die Regionale 2010, jene „Rheinische Welt-Ausstellung", die nach sechs Jahren der Ideensammlung, Projektentwicklung, Kreativität und Fantasie in die Umsetzungsphase gestartet ist und 2010 vorstellen will, welche zukunftsweisenden Projekte in der Region Köln / Bonn in Angriff genommen wurden.

Die Regionale 2010 verfolgt ein wesentliches Ziel: Menschen sollen die Zukunft ihrer Heimat selbst in die Hand nehmen. Zwischen Bergheim und Bergneustadt, zwischen Wermelskirchen und Windeck haben dies Politik, Wirtschaft, Einzelhandel, Vereine aus Sport, Kultur und Naturschutz, Wohlfahrtsverbände und Bürgerinitiativen – kurz alle, die bei Projekten der Zukunft mitsprechen und sie mitgestalten wollen – getan. Sie haben die Initiative ergriffen, nicht lokal, sondern regional, über die Grenzen der Gemeinden und Kreise hinaus, ja sogar über das große vereinende, aber zugleich so trennende fließende Band, den Rhein, hinweg.

Die Menschen in der Region sollen sich ihres Schatzes vor der eigenen Haustür oder auf der jeweils anderen Rheinseite stärker bewusst werden. Die Regionale will Brücken schlagen und zeigen, dass sich die Region als eine attraktive, erlebnis- und abwechslungsreiche Gruppe von Kulturlandschaftsräumen darstellt, die eng miteinander verzahnt sind.

Acht ausgesuchte Ziele der Heimat

Fragt man Menschen, was ihnen zum Rheinland einfällt, lautet die Antwort oft: Karneval, Kölner Dom und Siebengebirge. Folglich widmet die

Buchreihe Köln und dem Siebengebirge je einen Band. Auch der Rhein, der dem Land den Namen gibt, muss einen eigenen Band erhalten. Ihnen gemein ist die Mischung aus Bekanntem, regional Besonderem und Innovativem als Ergebnis des Regionale-Prozesses: Informationen, Tipps, Anekdoten und unbekannte Zusammenhänge machen die Ausflüge zu neuen, reichen Erlebnissen.

Der Titel Vierflüsseland beschreibt das Gebiet östlich des Rheins entlang der Dhünn, der Wupper und der Strunde und beleuchtet das Zusammenspiel von Mensch und Gewässer bei der Arbeit und der Erholung. Im Osten liegen auch die Bergischen Höhen, die von Grünland, Wald und tief eingeschnittenen Tälern geprägt sind und im Raum des „Wasserquintetts" hinter gewaltigen Mauern das Wasser speichern. Die reich gewundenen Flüsse Sieg und Bröl schließlich prägen eine besonders reizvolle Landschaft mit großem geschichtlichen Hintergrund, für den Schloss Homburg im Homburger Ländchen steht.

Im Westen der Region verdienen mit Bonn und Vorgebirge die ehemalige Bundeshauptstadt und die Kultur- und Naturschätze ihres Umlandes einschließlich des lang gestreckten Waldgebietes Kottenforst ebenso einen eigenen Band wie das größte rheinische Braunkohlegebiet Entlang der Erft. Mit dieser Landschaft, die seit Generationen durch den Tagebau geformt wird und in der nun zu den zwei Kölner Grüngürteln ein drittes grünes Band entsteht, schließt sich der Reigen: Wer die gesamte Region erkunden will, hat mit acht Bänden und einem Radführer dazu die Gelegenheit – und die Gewissheit, in jedem Band die bekannten, aber vor allem die unbekannten Besonderheiten, Sehenswürdigkeiten und Eigenarten genannt, erklärt und in ihre regionalen Zusammenhänge eingeordnet zu finden. Auf dass daraus wiederum Heimat werde.

Kulturlandschaftsraum Vierflüsseland

Flusslandschaften zwischen Rhein und Bergischem Land

Es gibt im Bereich der Region Köln/Bonn wohl kein zweites Mal die Situation, dass auf engstem Raum ein kleinerer Fluss in einen großen mündet, der kurz darauf mit der aufgenommenen Wasserfracht in einen ganz großen fließt. Der wird deshalb auch gleich „Strom“ genannt und gibt dem Land seinen Namen: Rheinland. Der Rhein nimmt in Leverkusen das Wupperwasser auf, das seinerseits gerade das Dhünnwasser geschluckt hat.

Und keine zehn Kilometer rheinaufwärts, in Köln-Mülheim, mündete einmal ein noch kleinerer Fluss als die Dhünn, deshalb auch nur „Bach“

An den meisten bergischen Bächen nutzten Mühlen und Hämmer die Wasserkraft, wie am Schmerbach in Leichlingen.

genannt, der aber trotzdem deutschlandweite Bedeutung erlangte: Die Strunde oder der Strunderbach, im rechtsrheinischen Köln gern *Strungerbaach* genannt, den der bergische Dichter Vinzenz von Zuccalmaglio im 19. Jahrhundert als den „fleißigsten Bach Deutschlands" bezeichnete, weil an ihm rund vierzig Mühlen ihre Arbeit verrichteten, um Mehl, Öl und Rohstoffe für die Produktion von Papier herzustellen.

Teil der Bergischen Heideterrasse

Rhein, Wupper, Dhünn, Strunde – das ist das „Vierflüsseland", eine ganz unterschiedlich strukturierte, abwechslungsreiche, historisch vielschichtige Kulturlandschaft, im Norden von Leverkusen und Leichlingen entlang der Wupper begrenzt, im Westen vom Rhein, im Süden von der Wahner Heide und dem Königsforst und im Osten von Bergisch Gladbach und Altenberg. Ihnen gemein ist im weitesten Sinne ihre Zugehörigkeit zur parallel zum Rhein verlaufenden rechtsrheinischen Bergischen Heideterrasse mit ihren mageren, sandigen und kiesigen Böden. Zwischen Leichlingen und der Wahner Heide gibt es noch heute eine Reihe von Heideresten wie etwa die Ohligser Heide bei Solingen, die Merheimer und die Dellbrücker Heide im rechtsrheinischen Köln sowie die Schluchterheide zwischen Bergisch Gladbach und Köln.
An die schmale Heideterrasse – zwei bis drei Kilometer breit, durchflossen von Dhünn, Strunde und Wupper – schließen sich heute noch an vielen Stellen Waldbereiche an, von denen der Königsforst das größte zusammenhängende Waldgebiet im rechtsrheinischen Köln ist. Vor allem Laubwälder säumten die in Ost-West-Richtung zum Rhein fließenden Gewässer, ehe später die Fichte als schnell wachsendes und damit schnell Gewinn versprechendes Gehölz hinzukam, der sogenannte „Brotbaum" des bergischen Bauern. Den Reiz der bäuerlichen Wald-

Entspanntes Radeln entlang einer Allee bei Hitdorf am Rhein

wirtschaft an Wupper, Dhünn und Strunde machen hundert- bis hundertfünfzigjährige Laubbestände aus, an denen sich nachhaltiges Wirtschaften ablesen lässt: Aus dem Wald holten sich die Bauern einzelne Stämme, wenn sie sie brauchten. Die natürliche Verjüngung schloss die entstandenen Lücken im Wald sehr rasch.

Handwerk am Wasser

Holz und Wasser – sie waren auch die Grundlage dafür, sich entlang der Bäche und Flüsse im Vierflüsseland der natürlichen Rohstoffe zu bedienen und frühindustrielle Nutzungen zu beginnen. Am Wasser wurden

Die Strunde – laut Montanus „der fleißigste Bach Deutschlands"
Der Eifgenbach, wichtigster Zufluss der Dhünn, ist noch sehr naturnah und vielfach unberührt.

Hämmer, Schleifkotten, Pulvermühlen, Walk- und Ölmühlen sowie Papiermühlen errichtet; wer in die Heimat „Vierflüsseland“ reist, wird an allen aus dem Bergischen in Richtung Rhein strömenden Gewässern bauliche Zeugen dieses handwerklichen Fleißes ausfindig machen können. Sie sind im Sensenhammer in Schlebusch an der Dhünn oder im Papiermuseum in Bergisch Gladbach an der Strunde durch regelmäßige Vorführungen nachvollziehbar.
Der industrielle Aufschwung im 19. Jahrhundert schuf Arbeitsplätze und machte aus früheren Dörfern und Weilern Städte: Leverkusen entwickelte sich zum Chemiegiganten, nachdem Carl Leverkus von Wermelskirchen zum Rhein gewechselt war und dort ein Weltunternehmen aufgebaut hatte. In Manfort blühte die Stahlschmiede Wuppermann auf. An der Strunde in Bergisch Gladbach übernahm die Förderung die Familie Zanders, die seit dem 19. Jahrhundert die Papierherstellung forciert und die Firma international etabliert hatte. Leichlingen machte sich einen Namen durch die Metall- und Textilindustrie. Geblieben sind Chemie und Papier, wenn auch in globalisierten Händen.

Vierflüsseland – das heißt auch Naherholung in den Waldbereichen und entlang der Gewässer. Das Vierflüsseland gehört zum Naturpark Bergisches Land und will die bekannten und unbekannten Besonderheiten des Geländes erschließen, erläutern und erlebbar machen. Dazu gehören verträumte Auenlandschaften am Flusslauf der Dhünn genauso wie die ausladenden Blicke über das „bergische Wasserwerk“, die Große Dhünntalsperre. Und dazu zählen vor allem Bauwerke wie der Altenberger Dom, das Bensberger Schloss oder Schloss Morsbroich: Sie sind beredte Zeugen dieser alten Kulturlandschaft und ihres Wandels im Laufe der Jahrhunderte.

Malerisches Fachwerk in einem Seitental der Wupper

A 46
B 224
Haan
Remscheid
A 3
B 228
Erlebnisraum Wupper
Hilden
Solingen
B 229
Eicken-berg
Obenrüden
Burg
Wupper
B 8
Langenfeld
A 59
A 542
A 1
Leichlingen
Erlebnisraum Dhünn
Monheim
B 232
Burscheid
Erlebnisraum Leverkusen
Hitdorf
B 8
Quettingen
Opladen
Dhünn
B 51
Rhein
Altenberg
Gr. Dhünn-talsperre
B 9
Odenthal
Leverkusen
Erlebnisraum Strunde
A 1
A 3
Dünnwald
Bergisch Gladbach
A 57
Dellbrück
B 506
Strunde
Bensberg
Holweide
Refrath
B 59
A 4
Köln
B 55
B 55
B 8
A 559
Königsforst
Rösrath
A 4
B 9
A 3
N
A 59
Flughafen Köln/Bonn
0
5
km

Erlebnisräume im Vierflüsseland

Vier Flüsse gestalten die Kulturlandschaft um Köln und Leverkusen im Rechtsrheinischen. Dieses kleine „Vierflüsseland" mit Wupper, Dhünn, Strunde und Vater Rhein ist nicht nur reich an Wasser, sondern auch an Geschichte und Geschichten. Und zu erleben gibt es einiges.

Leverkusen begeistert mit dem großzügigen und vielseitigen Neuland-Park am **Rhein** und romantischen Wegen entlang der Flüsse. Wo Wupper und Dhünn sich dem Rhein hingeben, führt eine entspannte Radtour vom Neuland-Park entlang des Rheins über eine Schiffsbrücke nach Hitdorf mit der malerischen Rheinfront am Hafen. Auf jeden Fall ein Tipp für einen gelungenen Ausflug sind die gemütliche Fußgänger-

Der Neuland-Park am Rhein in Leverkusen bietet abwechslungsreiche Erholung.

zone des bergischen Städtchens Schlebusch an der Dhünn und das lebendige Industriemuseum Freudenthaler Sensenhammer. Von Schlebusch geht es entlang der Dhünn und vorbei an Schloss Morsbroich durch den Neuland-Park zum Rhein, wo Cafés und Parklandschaft zum Verweilen einladen.

Im **Dhünntal** faszinieren zwei herausragende, Jahrhunderte überdauernde Bauwerke: der Dom zu Altenberg, der das Tal prägt, und die Große Dhünntalsperre, eine der größten Trinkwassertalsperren Deutschlands. Ein Spaziergang durch den hübschen Ortskern von Odenthal an der Dhünn lohnt ebenso wie ein abwechslungsreicher Rundgang durch Altenberg. Und oberhalb Altenbergs, wo das Tal immer enger und urtümlicher wird, locken längere Wanderungen durch das naturbelassene und siedlungsfreie Tal des Eifgenbachs, des wichtigsten Nebenbachs der Dhünn, durch das Helenental mit Resten alter Pulvermühlen oder über die gewaltige Staumauer der Dhünntalsperre.

Die **Wupper** – wer denkt da nicht an weite Auen und hohe Laubwälder entlang der Ufer, an gemächlich gleitende, farbenfrohe Kanuten und fröhliche Wandergruppen, an Schleifkotten, in denen die weltberühmten Solinger Klingen hergestellt wurden, und endlich auch wieder an klares, reines Wasser, an Neunauge und Eisvogel im Naturschutzgebiet. Eine Radtour entlang der Wupper führt vom Neuland-Park in Leverkusen am Rhein zum Naturerlebniszentrum Gut Ophoven bei Opladen. In der Blütenstadt Leichlingen erschließen Spaziergänge Fachwerkviertel, Obstwiesen und einen Skulpturenwald. Idyllische Ausflüge zu den Schleifkotten an der Wupper, Schloss Burg und der Müngstener Brücke runden die Erlebnisse an der Wupper ab.

Das Strandcafé am Hitdorfer Badesee lädt zum Verweilen ein.

Sicher ist es für viele überraschend zu erleben, wie entlang der **Strunde**, dem historischen Mühlbach, selbst in der Großstadt Köln noch ländliche Landschaftseindrücke und dörfliche Siedlungsstrukturen erhalten blieben. Dies wird auf dem Weg von der Isenburg in Holweide über den alten Thurner Hof in Dellbrück bis ins Naturschutzgebiet Thielenbruch deutlich. Im Oberlauf des einst als „fleißigster Fluss Deutschlands" apostrophierten Baches sind in Bergisch Gladbach vielerlei Denkmäler der Gewerbegeschichte zu entdecken; so ist man im Papiermuseum der Wasserkraft und Papierproduktion auf der Spur. Schöne Touren führen durch die Natur entlang der Strunde, durch Wälder, über die Höhen und rund um die Schlossstadt Bensberg.

Naturnahe Partie an der Wupper
Bergisches Fachwerk-Idyll in Obenrüden

Erlebnisraum Leverkusen: Stadt am Fluss

Leverkusen ist eine junge, moderne Stadt. Auf den ersten Blick wird sie von dem ausgedehnten Chemiepark am Rhein dominiert, von effizienten Verkehrswegen und einer attraktiven Einkaufs-City. Auf den zweiten Blick finden sich auch alte Dorfkerne, erholsame grüne Achsen entlang der Flüsse ins Bergische hinein und – ganz prominent – mit dem Neuland-Park eine Öffnung der Stadt zum Rhein hin.

Was können Sie hier tun und erleben?

Die Besonderheiten der Innenstadt von Leverkusen mit neuem Shoppingzentrum und historischer Siedlung können Sie bei einem Spaziergang durch den Neuland-Park zum Rhein entdecken (Start und Ziel: die neue Rathaus-Galerie neben Bahnhof und Busbahnhof; Weglänge: vier Kilometer). Eine entspannte Radtour führt auf bequemen Wegen vom Neuland-Park entlang des Rheins über eine Schiffsbrücke nach Hitdorf mit seiner malerischen Hafenfront und hohen alten Bäumen am Rheinufer (Start und Ziel: Leverkusen, Neuland-Park, Rheinpromenade; Weglänge: zwölf Kilometer). Oder Sie entdecken die Schönheiten der Hitdorfer Seenplatte. (Anfahrt aus Hitdorf auf der Langenfelder Straße Richtung Rheindorf, kurz nach Ortsende am Landgasthaus „Jägerhof" auf die Ausschilderung zum Hitdorfer See achten, Parkplatz vorhanden. Zu Fuß von der Hitdorfer Fähre erreichen Sie über die Fährstraße geradeaus nach eineinhalb Kilometern links den Zugang zum Stöckenbergsee und dem Rundweg. Achtung Radfahrer: Der Zugang ist mit Drehkreuzen versehen; Weglänge: drei Kilometer.) Einen gelungenen Ausflug zu Fuß oder mit dem Rad versprechen auch die Fußgängerzone von Schlebusch und das Industriemuseum Freudenthaler Sensenhammer: Von Schlebusch aus geht es entlang der Dhünn, vorbei an Schloss Morsbroich und dem Sportpark Leverkusen durch den Neuland-Park bis an den Rhein (Start: Lindenplatz, Leverkusen-Schlebusch; Rückweg: Buslinie 227 ab Busbahnhof Leverkusen-Wiesdorf; Weglänge: zwölf Kilometer bis Wiesdorf).

< *Die Wackelbrücke macht ihrem Namen alle Ehre, wenn sie beim Überqueren der Dhünn in Leverkusen in Schwingung gerät.*

N
0
1
km
Reusrath
Bergisch
Neukirchen
Schöne
Aussicht
Quettingen
Hitdorfer Seen
Start
Hitdorfer
See
Umlag
Stöckenbergsee
Blee
Hitdorf
Hafen
Fähranleger
Fähranleger
Langel
Rhein
Hitdorf
Projektraum:
WupperWandel
Wupper
Gut Ophoven
Wiembach
Projektraum:
Neue Bahnstadt
Opladen
Opladen
Reuschenberg
Reuschenberger Mühle
Rheindorf
Bürrig
Dhünn
Bürgerbusch
Alkenrath
Küpper-
steg
Gezelinkapelle
Schloss Morsbroich
Von-Diergardt-Straße
Dhünn
Schloss Morsbroich
Schlebusch
Freudenthal
Waldsiedlung
Bay-
Arena
Manfort
Start
Start
Start
Start
Neuland-Park
Leverkusen
Wiesdorf
Leverkusen
Merkenich
Projektraum:
Schiffsbrücke
Wuppermündung
Schiffs-
brücke
Fühlingen
Rheinkassel
Regattastrecke
A 1
A 3
A 59
B 8
B 9
B 51
B 232

Weltstadt unterm Bayer-Kreuz

Das Dorf Wiesdorf am Rhein wurde innerhalb weniger Jahrzehnte in einer rasanten Entwicklung zu einem Industriestandort und dann zu einer funktionalen und modernen Stadt umgestaltet, die sich schließlich auch grün und attraktiv präsentiert. Nur rund tausend Einwohner hatte Wiesdorf noch um die Mitte des 19. Jahrhunderts, die von Landwirtschaft, Fischerei und Transport lebten. Mit der Anlage der Rheinischen Ultramarinfabrik durch Carl Leverkus im Jahre 1860 und deren Ausbau zum Weltkonzern Bayer ist auch die Entwicklung der Stadt Leverkusen mit ihren heute rund hundertsechzigtausend Einwohnern untrennbar verknüpft (siehe S. 24). Somit wurde das Bayer-Kreuz auch zum weithin sichtbaren Wahrzeichen der Stadt (Rhein, Bd. 1).

Von Konsumtempeln durch Siedlungsidylle zum Rhein

Von der neuen Rathaus-Galerie Leverkusen mit einer Vielzahl moderner Geschäfte führt der Weg zunächst durch die Fußgängerzone. Es schließt sich eine Runde durch eine idyllische Siedlung mit hundertjähriger Tradition an, bis durch den Neuland-Park hindurch die Rheinpromenade und ein Ausflugslokal erreicht sind. Zurück geht es geradewegs durch die Hauptstraße mit schönen Bauten aus Gründerzeit und Jugendstil.

Leverkusens Stadtmitte: Charmanter Mix aus Alt und Neu

Die neue Rathaus-Galerie ist mit der Rotunde der architektonisch markanteste Bestandteil der jüngsten Erneuerung der Leverkusener Stadtmitte. Das Shoppingcenter beherbergt jedoch auch städtische Einrichtungen wie das Rathaus beziehungsweise die Stadtverwaltung. Dies ist nun das dritte Rathaus an gleicher Stelle innerhalb von hundert Jahren.

Die Chemieindustrie prägt nur einen kleinen Teil des Rheinufers in Leverkusen.

Die wegweisende Anlage und Gestaltung einer Stadtmitte mit Fußgängerzone wurde bereits in den 1970er-Jahren städtebaulich gekrönt von der Rathaus-Anlage, der zuvor das historische Jugendstil-Rathaus weichen musste. Unser Weg geht vom Friedrich-Ebert-Platz geradeaus die neu gestaltete Fußgängerzone entlang und über den Wiesdorfer Platz hinweg. Zur Rechten erstreckt sich der Neubaukomplex mit Gastronomie, zur Linken sehen Sie trotz aller dynamischen Stadtentwicklung immer noch eine Häuserreihe mit älteren, teils schön verzierten Fassaden. Das Ende der Fußgängerzone markiert der Turm der Herz-Jesu Kirche. Sie wurde im Stil der neuen Sachlichkeit von dem renommierten rheinischen Kirchenarchitekten Bernhard Rotterdam (1893–1974) entworfen und 1929 eingeweiht. Die Saalkirche mit dem angegliederten Glockenturm ist in Backstein gestaltet und mit markanten Werksteinverblendungen und Ziegelgliederungen versehen. Erwähnenswert sind die Fenster des Künstlers Jan Thorn Prikker (1868–1932), der bleibenden Einfluss auf die Erneuerung der Glasmalerei in Deutschland ausübte.

Kolonie Anna – historische Siedlung mitten im Zentrum

Unser Weg führt am Ende der Fußgängerzone rechts über die Nobelstraße in eine ehemalige Arbeitersiedlung der Firma Bayer. In der Kolonie Anna wurden von 1900 bis 1916 hundertsiebzig Arbeiterhäuser mit siebenhundert Wohnungen errichtet sowie weitere zwanzig Aufseherhäuser. Unter Leitung des Firmen-Architekten Heinrich Blatzheim entstanden nach dem Vorbild englischer Gartenstadtarchitektur abwechslungsreiche Haustypen mit Walmdächern, Fachwerkelementen, Erkern, Lauben und überdachten Hauseingängen sowie Fensterläden und Schmuckelementen. Die Straßen und Wege sind geschwungen und mit eingestreuten kleinen Plätzen angelegt.

Kolonie Anna: Die Arbeitersiedlung der Firma Bayer entstand vor über hundert Jahren in Wiesdorf.

Wohnen früher: Kolonie-Museum und Mustergarten

Gleich zu Beginn kann man sich im Kolonie-Museum (Nobelstraße 78–82) einen hervorragenden Eindruck von den früheren Wohnverhältnissen machen. Ein mit historischen Möbeln und originalen Gegenständen liebevoll ausgestattetes Arbeiterhaus lässt die Vergangenheit lebendig werden. Dem Museum gegenüber liegt das 1908 errichtete Erholungshaus (Nobelstraße 37), das damals unter anderem mit Turnhalle und Lesesaal ausgestattet war. Heute finden hier Theateraufführungen, Konzerte und Ausstellungen statt.

Der frei zugängliche Park hinter dem Erholungshaus ist ein schöner Ort für eine kleine Rast, und im Sommer wird hier ein Biergarten betrieben. Weiter auf der Nobelstraße geht es gleich rechts über die Dhünnstraße zum Kaiserplatz, in Straßen mit malerischen Ansichten. Lediglich der Hochbunker am Platz kündet von einer anderen Zeit. Von der Dhünnstraße gehen Sie links in die Liebigstraße, überqueren die Nobelstraße und folgen der Emil-Fischer-Straße bis zum Carl-Duisberg-Platz.

Biegen Sie rechts in die Adolfstraße ein und gleich wieder rechts in die Albert-Einstein-Straße. An der nächsten Ecke liegt ein Mustergarten, der nach historischem Vorbild angelegt wurde. Traditionell besaßen die Siedlungshäuser Nutzgärten

Das Kolonie-Museum zeigt in liebevoller und originaler Ausstattung früheres Wohnen.
Blick in das Schlafzimmer des Museums und in einen Kolonie-Garten

Professor Dr. Carl Duisberg
Der Chemiker leitete von 1912 bis 1925 den Bayer-Konzern als Generaldirektor. Gründung, Planung und Aufbau des Standorts Leverkusen waren ein Meilenstein in seinem Lebenswerk. Auch seine sozialen Leistungen für die Mitarbeiterschaft waren wegweisend. Duisberg gilt als eine der zentralen Figuren sowohl in der Geschichte des Konzerns als auch in der deutschen Chemie- und Pharmaindustrie. Er war einer der Gründungsväter der IG Farbenindustrie AG.

mit Obst- und Gemüsebeeten für die gesunde Ernährung der Familien. Beim Rundgang durch die Siedlung ist vielerorts noch der typische Stall zu entdecken, heute meist individuell gestaltet und als Gartenhaus genutzt. Sie gehen auf der Albert-Einstein-Straße weiter und wechseln gleich links in die Nobelstraße.

Neuland entdecken im Park

Hier ist der Neuland-Park erreicht. Der Eingang Mitte am Ende der Nobelstraße empfängt mit einem Café, Blumenterrassen und im Sommer mit Wasserfontänen, die Kinder zum Planschen einladen. Der Neuland-Park wurde für die Landesgartenschau 2005 ganz neu angelegt (siehe Themenraum S. 26).

Der geschwungene Weg rechts am Eingang führt direkt zum Rhein und verläuft im oberen Bereich des Geländes, sodass sich ein wunderbarer Überblick über den Park bietet. Natürlich können Sie auch nach Herzenslust die verschiedenen Teile des Parks erkunden. Ausgedehnte Spielplätze und fantasievolle Spielgeräte animieren die Jüngeren zum Klettern, Toben und Ausprobieren. Weite Rasenflächen und gepflegte Beete vor dem Rheinpanorama bieten eine entspannende Umgebung. Stets geht es dann über die markante Neulandbrücke, ein Wahrzeichen des Parks, hinunter an die Rheinpromenade.

Carl Duisberg (1861–1935)

Panoramablick über den Neuland-Park hin zum Wasserturm und zur Kolonie Anna

Leverkusen am Rhein

Das ist neu für Leverkusen: den Rhein von der City aus erreichen und erleben können. Auf der Promenade lässt es sich gut sitzen und beobachten, wie Sportboote, Ausflugsschiffe und mächtige Schubverbünde passieren. Die Gaststätte „Wacht am Rhein“ präsentiert sich hoch auf dem Ufer mit großer Glasfront, Terrasse und Biergarten als ideales Ausflugslokal und punktet mit guter Küche. Auch führen Wege hinunter zum Wasser, wo Sie mit Anglern fachsimpeln, Muscheln sammeln oder Kieselsteine hüpfen lassen können.

Das alte Wiesdorf

Entlang der Promenade, die eindrucksvolle Kulisse des Chemieparks vor Augen, geht es weiter zum St.-Antonius-Steg, der die Uferpromenade mit dem Platz vor der St.-Antonius-Kirche verbindet. Das Örtchen Wiesdorf existierte bereits im Mittelalter und hatte immer wieder unter Hochwassern des Rheins zu leiden. Ihre St.-Antonius-Kirche bauten die Wiesdorfer schließlich im 17. Jahrhundert (1661–1664) am heutigen Standort auf einer kleinen, hochwassersicheren Anhöhe wieder auf. Wenden Sie sich vor der Kirche nach rechts, ist bald die Hauptstraße erreicht. Sie ist gesäumt von reich verzierten Häusern der Jahrhundertwende und führt geradewegs zurück zum Ausgangspunkt des vielseitigen Spaziergangs.

Freizeitvergnügen in Leverkusen: Ausflugslokal mit Sonnenterrasse am hohen Rheinufer

Bummeln in der Leverkusener City

Zwei Bergische am Rhein: Leverkus und Bayer

Carl Leverkus

Der Fabrikant Carl Leverkus ist nicht nur der Gründer der Stadt Leverkusen, sondern schuf mit seiner Farbenfabrik auch die Grundlage des späteren Bayer-Konzerns am Rhein. Carl Leverkus wurde 1804 im bergischen Wermelskirchen geboren. Nach einer Apothekerlehre studierte er Chemie in Paris, legte das Apothekerexamen 1829 in Berlin ab und erhielt seinen Doktortitel im Jahr darauf von der Universität Gießen. Zurück in Wermelskirchen gründete er 1834 eine chemische Fabrik und entwickelte ein Verfahren zur Herstellung künstlichen Ultramarinblaus, das patentiert wurde und ihm zunächst das Ultramarin-Monopol sicherte. Mitte des 19. Jahrhunderts aber kämpfte Leverkus schon mit Standortproblemen – er plante eine große Fabrik mit guten Transportbedingungen in der Nähe von Eisenbahnlinien und der Wasserstraße Rhein. Schließlich errichtete er seine „Rheinische Ultramarinfabrik“ ab 1860 in der Gemeinde Wiesdorf. In der Nähe des Werks entstanden Arbeiterwohnungen und die Villa für seine Familie; mit seiner Frau Juliane Auguste Küpper hatte er elf Kinder. Die neue Ansiedlung benannte er nach dem Herkunftsort seiner Familie, dem Weiler Leverkusen bei Lennep, und gab auf seiner Geschäftspost die Adresse „Leverkusen bei Coeln am Rhein“ an. In den 1870er-Jahren expandierte das Werk enorm und Leverkus machte seine Söhne zu Teilhabern. Beim Tod des Firmengründers im Jahre 1898 hatte sich die Lage auf dem Ultra-

Carl Leverkus, der Namensgeber von Leverkusen (1804–1898)

marin-Markt drastisch verschlechtert, doch seine Söhne stellten 1890 durch die Mitgründung der Aktiengesellschaft „Vereinigte Ultramarinwerke“ die Weichen neu.

Friedrich Bayer

Friedrich Bayer wurde 1825 als Sohn eines Seidenwirkers im Dorf Wichlinghausen geboren, das heute zu Wuppertal-Barmen gehört. Die aufblühende Textilindustrie war ein wichtiges Gewerbe im Tal der Wupper, als Friedrich Bayer als vierzehnjähriger Lehrling in einer Barmener Chemikalienhandlung begann und erste Einblicke in die Grundlagen der Färberei erhielt. Als Zwanzigjähriger handelte er bereits mit Naturfarben, gründete drei Jahre später ein Handelsunternehmen und vertrieb natürliche Farbstoffe, die aus Farbhölzern extrahiert wurden, europaweit und nach Übersee. Entdeckungen der anorganischen Chemie im Bereich der Farbstoffherstellung griff Friedrich Bayer rasch auf und weitete sein Vertriebsprogramm aus. Auch experimentierte er erfolgreich mit seinem späteren Kompagnon Friedrich Weskott mit der eigenen Herstellung und Erprobung der Teerfarbstoffe Anilin und Fuchsin, die sich als reiner und kräftiger erwiesen als die Naturfarben. Bayer und Weskott gründeten eine erste Fabrikationsanlage; die Keimzelle der späteren Bayer AG wurde 1863 als „Friedr. Bayer et comp.“ in das Handelsregister eingetragen. Infolge weiterer Farbstoffentwicklungen gelang den Gründern eine erhebliche Ausweitung ihrer Produktionskapazitäten. Als Friedrich Bayer im Jahre 1880 im Alter von fünfundfünfzig Jahren starb, hinterließ er ein florierendes Familienunternehmen, das 1891 von den Leverkus-Söhnen einen Teil der Fabriken und des Werksgeländes in Wiesdorf erstand – und damit den späteren Weltkonzern in Leverkusen etablierte.

Friedrich Bayer, der Gründer des Bayer-Werkes (1825–1880)

Der Neuland-Park

Die Vision wurde wahr: Ein attraktiver Volkspark in Leverkusen am Rhein, durchsetzt von Spielplätzen und Sportangeboten. Möglich machte dies die Landesgartenschau 2005, die mit dem Neuland-Park die Stadt wieder an den Rhein holte. Unter dem Motto „Neuland entdecken“ war die „LaGa 05“ mit über einer halben Million zahlender Besucher ein großer Erfolg.

Von der Altlast zum Park: Aufwendige Sanierung

Dabei war das Park-Gelände zuvor alles andere als attraktiv: Eine abgedichtete Altlast der Chemie-Industrie neben der Autobahn A 1 in direkter Nachbarschaft zur imposanten Industriekulisse der Bayer AG. Wer sollte sich hier aufhalten wollen? Die fünfundzwanzig Hektar große Fläche wurde von den 1920er-Jahren bis zum Ende der 1940er-Jahre als Werksdeponie der Bayer AG genutzt: Abgelagert wurden Bauschutt, hausmüllähnliche Abfälle und Chemie-Rückstände – rund drei Millionen Tonnen sammelten sich an. Die durchschnittliche Höhe der Deponie beträgt acht Meter, das Maximum liegt bei zwölf Metern. Ab den 1950er-Jahren wurden dennoch Wohnungen, der Bayer-Kanuclub und ein Restaurant auf dem Gelände errichtet. Die Autobahn A 1 liegt dort, und Straßen und Leitungen durchqueren die Fläche. Vor rund fünfundzwanzig Jahren rückte die Altlast ins Bewusstsein der Öffentlichkeit: Schnell wurde klar, dass die Altlast durch ein Dichtungssystem gesichert werden

Herbstimpression im Neuland-Park, der 2005 für die Landesgartenschau angelegt wurde und damals eine halbe Million Besucher zählte.

muss, das den Kontakt zwischen ihr und dem Menschen verhindert, das Eindringen von Niederschlagswasser unterbindet und den unkontrollierten Austritt von belasteter Bodenluft aus den Ablagerungen ausschließt. Mit dieser Erkenntnis begann ein zunächst schmerzhafter Prozess für die Stadt und den Stadtteil Wiesdorf: Die gesamte Wohnbebauung wurde abgerissen und die Menschen umgesiedelt, alle anderen Gebäude, Straßen und Leitungen entfernt und umgelegt – eine riesige technische und organisatorische Herausforderung. Der Bau der höchst komplizierten Abdichtung dauerte schließlich fünf Jahre, von 1995 bis zum Jahr 2000. Dabei diente eine dreieinhalb Kilometer lange und bis zu vierzig Meter tiefe Sperrwand zum Rhein als Grundwasserbarriere. Die Kosten in Höhe von hundertzehn Millionen Euro für die Abdichtung der Altlast trugen die Bayer AG und die Stadt Leverkusen zu fünfundsiebzig beziehungsweise fünfundzwanzig Prozent.

Beliebter Stadtpark am Rhein

Eine große, mutige Aufgabe war es also, hier einen Park zu entwickeln, der über das einmalige Ereignis der Gartenschau hinaus von der Bevölkerung angenommen wird. Doch das Experiment ist geglückt: Durch das Kerngelände des Parks, den „Bumerang", führen bequeme Wege für Fußgänger und Radfahrer aus der Innenstadt zum Rheinufer und frühere Barrieren werden durch die elegant gewundene Neulandbrücke fast unmerklich überwunden. Unterschiedliche Themengärten, weite Wiesenflächen und zahllose Spielangebote sind für Besucher jeden Alters so attraktiv, dass die Frage des Untergrunds längst in den Hintergrund getreten ist. Was heute zählt, sind Grün wie der Park und Blau wie der Himmel und das Wasser des Rheins. Wer Neuland entdeckt, wird Erfahrungen gewinnen.

Der Neuland-Park öffnet seit der Gartenschau die Stadt Leverkusen zum Rhein hin und erfreut sich großer Beliebtheit.

28

Am Rhein vom Neuland-Park nach Hitdorf

Leverkusen besitzt eine Rheinfront von rund acht Kilometer Länge und nur die südlichsten anderthalb sind Industriefläche – der Rest kann mit dieser Tour erlebnisreich entdeckt werden. Der ausgeschilderte Radweg Richtung Hitdorf führt vom Neuland-Park gleich hinunter an den Rhein und unter der Autobahnbrücke her. Als die Brücke 1965 eingeweiht wurde, existierte hier noch die Wiesdorfer Fähre, die es schon zur Römerzeit gegeben haben soll und die im Mittelalter zeitweise eine bedeutende Rolle für den regionalen Transitverkehr zwischen Köln und Düsseldorf spielte. Doch die neue Autobahn veränderte rasch die Fahrgewohnheiten und die Wiesdorfer Fähre stellte mangels Rentabilität 1969 ihren Betrieb ein. Ausgedehnt liegen die üppigen Rheinwiesen nun vor uns. Besonders im Frühjahr kann man hier einem Schäfer und seiner Herde mit vielen Lämmern und wachsamen Schäferhunden begegnen.

Schiffsbrücke an der alten Wuppermündung

Ein idyllisches Ensemble ist ab Mitte 2010 wieder am Flussarm der alten Wuppermündung zu erwarten. Eine Schiffsbrücke aus drei Binnenschiffen und einem darüberführenden Steg war lange Zeit eine der kürzesten und wichtigsten Verbindungen für Fußgänger und Radfahrer zwischen Wiesdorf und den nördlich gelegenen Rheinorten. Mit dem Wachstum der Leverkusener Industrie stieg auch die Beliebtheit der Schiffsbrücke, und bald machte eine kleine Gastronomie die originelle Brücke als Treffpunkt und Ausflugsziel noch attraktiver. Doch gegen Ende des 20. Jahrhunderts setzten veränderte Verkehrsgewohnheiten und mangelnde Wartung der Brückensteganlage so sehr zu, dass sie

Je nach Jahreszeit können Sie in der Rheinaue zwischen Wiesdorf und Hitdorf eine Schafherde antreffen.

beinahe unwiederbringlich zerstört wurde. Nun kümmert sich der Förderverein Schiffsbrücke Wuppermündung e.V. mit großem Engagement um die technische Instandsetzung der Schiffe, und im Rahmen der Regionale 2010 soll die Brückenanlage wiedererstehen. (Noch führt ein Stichweg zur vorgesehenen Stelle; später kann die Tour über die neue Schiffsbrücke fortgesetzt werden.)

Über die Wupper gehen

Bald schwenkt der Weg ein wenig landeinwärts zur Pontonbrücke über die neue Wuppermündung. Eine Infotafel auf dem jenseitigen Ufer erklärt den Begriff „über die Wupper gehen", der umgangssprachlich so viel wie „sich aus dem Staub machen" bedeutet und sich in jüngerer Zeit zu einer saloppen Umschreibung des Begriffs „sterben" entwickelte. Im frühen 18. Jahrhundert hatten sich junge Männer aus den südlich der Wupper gelegenen Bereichen der Grafschaft Mark den aufdringlichen Soldatenwerbern des preußischen Soldatenkönigs Friedrich Wilhelm I. entzogen, indem sie „über die Wupper gingen" und als Arbeitskräfte in den aufstrebenden Barmener Manufakturen ein gutes Auskommen fanden.

Rheindorf – *Nomen est omen*

Von hier aus ist – der Ausschilderung folgend – schnell der kleine Ortskern von Rheindorf erreicht, erhöht und sicher hinter dem Deich. Die Kirche St. Aldegundis zeugt vom Alter der Ansiedlung. Sie bildete früher eine Einheit mit der Rheindorfer Burg, älteste Teile des Turms stammen aus dem 12. Jahrhundert. Auch die

Historische Aufnahme der Schiffsbrücke an der alten Wuppermündung

Bestens ausgeschilderte Radwege laden zu entspannten Touren ein.

Zisterzienserabtei Altenberg (siehe S. 57) war hier seit dem 13. Jahrhundert mit dem prächtigen Bergerhof, ihrem Pachthof, vertreten (Unterstraße 6). Der Wohlstand, den Handel und Transport in das kleine Rheindorf brachten, lässt sich in der Unterstraße am eindrucksvollen Gebäude des Alten Zollhofs aus dem 18. Jahrhundert ablesen. Aber auch hier hielt sich der Betrieb der traditionsreichen Rheindorfer Fähre nur bis 1954 aufrecht. Zurück zum Rhein geht es auf bequemem Wege nahe am Strom weiter. Jenseits des Rheins ist auf Kölner Stadtgebiet zunächst das Dorf Rheinkassel zu erkennen: Gleichsam gerahmt von zwei hohen Baumgruppen präsentiert sich seine mittelalterliche Pfarrkirche St. Amandus. Nördlich davon liegt das alte Fischerdörfchen Langel schräg gegenüber von Hitdorf.

Der Rhein trennt und verbindet: Hitdorfer Fähre und Hitdorfer Hafen
Auch Hitdorf war im Mittelalter ein Fischerort. Seine größere Bedeutung aber erwuchs seit dem späten Mittelalter aus dem geschützt liegenden Hafen, der für den Umschlag der Waren aus dem Bergischen Land zentral war. Bei Hitdorf kreuzten sich der in Nord-Süd-Richtung verlaufende Handelsweg und ein aus dem Bergischen Land kommender Weg, der dank der Fährverbindung weiter ins Linksrheinische führte. Von den ehemals drei Fähren auf dem heutigen Leverkusener Stadtgebiet konnte sich einzig die nördlichste, die Hitdorfer Fähre, behaupten. Und noch heute ist an der Fähre einiges los: Ein einladendes Café mit großem Biergarten liegt neben einem ausgedehnten Kinderspielplatz. Auf den weiten Spielwiesen dahinter ist reichlich Platz zum Fußballspielen, Sonnenbaden und Picknicken. Folgt man der mächtigen Pappelallee noch ein wenig nach Norden, kommt der Hitdorfer Hafen in Sicht. Das Hafenbecken erstreckt sich über rund einen Kilometer und

Blick über den Fluss auf die mittelalterliche Pfarrkirche St. Amandus in Köln-Rheinkassel

ist durch eine Landzunge zum Rhein hin gut geschützt. Die Rheinstraße zum Hafen säumt eine lange Reihe historischer Häuser. Einige davon zeugen mit großen Gewölbekellern und prächtigen Fassaden vom ehemaligen Wohlstand der Hitdorfer Kaufleute. Nicht versäumen sollte man zumindest einen Blick auf die kuriose, winzige Kran-Kneipe, die oberhalb des Hafens in einem Hafenkran aus dem Jahre 1928 eingerichtet ist. Ein Großbauwerk zum Hochwasserschutz – eine unterirdische, neunhundert Meter lange und siebenundzwanzig Meter tiefe Wand, oberirdisch durch eine niedrige Mauer ergänzt – soll endlich auch Hitdorf vor den Rheinfluten schützen. Bis zum Frühjahr 2011 sind Straßen und Wiesen wiederhergestellt und neue Bäume gepflanzt. Einfach schön ist es, hier am Rhein zu verweilen und den Blick über den Fluss und die Wäldchen des Naturschutzgebiets auf dem Werth auf der anderen Rheinseite schweifen zu lassen. Besonders stimmungsvoll sind hier sommerliche Sonnenuntergänge mit reizvollem Farbenspiel. Von Hitdorf aus lässt sich eine Tour um die Hitdorfer Seen anschließen (siehe S. 32). Zurück zum Neuland-Park geht es sehr einfach auf der gleichen Strecke, die doch wieder ganz neue Ausblicke bietet.

Der Hitdorfer Hafen liegt malerisch vor der Rheinstraße mit ihren gepflegten historischen Häusern.

Die Hitdorfer Seen

Die Hitdorfer Seenplatte besteht aus rund einem Dutzend Seen, weitere auf dem Gebiet der benachbarten Stadt Monheim und des Kreises Mettmann kommen hinzu. Die Seen entstanden durch Auskiesung, da die hier abgelagerten Massen an Rheinkieseln als wertvolles Baumaterial abgebaut wurden. Wenn die jeweiligen Vorkommen erschöpft waren, füllten sich die Gruben mit Grundwasser. Heute ist der Kiesabbau hier eingestellt, das Gelände wurde renaturiert und die Seen erhielten unterschiedliche Funktionen.

Badestrand, Tauchbasis und Ufercafé

Der Hitdorfer See ist ein sehr attraktiver Badesee mit einer sanft zu einer Sandbucht abfallenden Liegewiese. Für Kinder sind Rutsche, Schaukeln und Klettergeräte aufgestellt. Im Hochsommer herrscht hier starker Andrang, dann kommen Besucher selbst aus Köln und Düsseldorf. Nur die große Gänsekolonie, die das Gelände bevölkert, trägt nicht zur Begeisterung der Sonnenhungrigen auf der Liegewiese bei. Oben am Weg liegt das Café Strandgut, von dessen einladender Terrasse der Blick frei über den See und das Geschehen am Ufer schweift. Auch eine Tauchbasis wurde hier eingerichtet, sodass man Anfängern beim Lernen und versierten Tauchern beim Training zusehen kann. Eine

Die Hitdorfer Fähre blieb als einzige der ehemals drei Rheinfähren auf Leverkusener Gebiet.
Ein Spielplatz und weite Grünflächen laden zur Pause an der Hitdorfer Fähre ein.

DLRG-Station wacht über die Badestelle. Der See besitzt eine Wasserfläche von rund zehn Hektar – das entspricht etwa zwanzig Fußballfeldern – und ist an der tiefsten Stelle bis zu achtzehn Meter tief; allerdings schwankt der Wasserstand abhängig vom Rheinpegel.

Pilotprojekt: Laufstrecken durch die Natur in der Stadt
Am Café startet eine Laufstrecke, deren Ausschilderung Sie folgen können. Die Hauptstrecke verläuft auf rund dreieinhalb Kilometern unmittelbar um den Hitdorfer See und den Stöckenbergsee. Über land- und forstwirtschaftliche Wege kann die Runde auch auf viereinhalb Kilometer verlängert werden. Warum die Wege alle hundert Meter mit Entfernungsangaben versehen sind? Weil diese Laufstrecke ein Pilotprojekt für das Vorhaben der Stadt Leverkusen ist, ein gesamtstädtisches Laufwegenetz auszuweisen, das erste dieser Art in Deutschland. Schon lange existieren in Leverkusen attraktive Laufstrecken entlang der Flüsse und durch die Parks, und darauf baut man nun auf: Altbekannte Wege werden einheitlich beschildert und verbessert, damit sind exakt ausgemessene und abmarkierte Strecken leicht erfassbar. So geleitet der Weg Sie um den See, mit wunderschönen Blicken auf das Wasser, sowohl an der freien Seite der Badebucht als auch durch den lichten Baumbestand, der das Ufer im weiteren Verlauf säumt.
Der benachbarte Stöckenbergsee ist ebenso bezaubernd, doch dient er in erster Linie dem Naturschutz und ist als Trinkwasserschutzgebiet ausgewiesen – Baden und Surfen im Wasser sind ebenso wenig zugelassen wie Grillen oder das Hören lauter Musik am Ufer. Nur das leichte Rauschen der nahen Autobahn erinnert daran, dass wir uns hier in einer der am dichtesten besiedelten Gegenden Mitteleuropas befinden. Der Weg führt Sie zum Ausgangspunkt am Café zurück.

Eine ehemalige Auskiesungsfläche wurde zum Hitdorfer Badesee, einem der wenigen naturnahen Badegewässer der Region, umgestaltet.

Von Schlebusch dhünnabwärts zum Rhein

Schlebusch ist ein hübsches Örtchen mit einladenden Cafés und Gaststätten, das einen Spaziergang durch die Fußgängerzone entlang der Bergischen Landstraße lohnt. Ursprünglich ländlich und landwirtschaftlich geprägt, aber begünstigt durch die Lage an der Landstraße, bildete der Ort schon früh einen Siedlungskern heraus und wurde während der französischen Besatzung ab 1808 zum Sitz der Mairie (Bürgermeisterei) für Schlebusch sowie die Nachbarorte Wiesdorf (heute das Zentrum von Leverkusen) und das bergische Lützenkirchen. Die spätere Bürgermeisterei Schlebusch umfasste ab 1820 Schlebusch, Steinbüchel und Lützenkirchen.

Ein aufstrebendes bergisches Städtchen

Infolge früher Ansiedlung von Textilbetrieben und Eisengewerbe entwickelte sich Schlebusch mit einem raschen Bevölkerungswachstum zum Industrieort und hatte gegen Ende des 19. Jahrhunderts annähernd dreitausend Einwohner. Kein Wunder, dass 1892 ein neues Bürgermeisteramt errichtet wurde (Bergische Landstraße 28). Seit Schlebusch jedoch 1930 in die neue Stadt Leverkusen eingegliedert wurde, wird das Gebäude anderweitig genutzt. Kurz dahinter erreichen Sie ein historisch besonders interessantes Ensemble: die Pfarrkirche St. Andreas und die Bauten, die den Kirchplatz säumen. Die dreischiffige,

Das frühere Krankenhaus St. Elisabeth bei der Kirche wird heute von der Pfarrgemeinde in Schlebusch genutzt.

romanische Backsteinbasilika mit zwei Türmen wurde von 1888 bis 1890 errichtet. In ihrem Inneren jedoch sind eindrucksvolle Skulpturen aus dem späten Mittelalter und dem Barock zu bewundern. Links vor der Kirche steht das ehemalige Krankenhaus St. Elisabeth, das 1903 errichtet wurde. Seinen Spitznamen, *Et ahle Klüsterche*, verdankt es Schwestern der Kölner Gemeinschaft der Cellitinnen, die bei der Krankenpflege in Schlebusch mitwirkten. Gegenüber flankiert die Vikarie, ebenfalls 1903 errichtet, mit ihrer neoromanischen Backsteinfassade den Kirchplatz. Das schöne Pfarrhaus von 1830 in klassizistischer Formensprache steht der Kirche schräg gegenüber.

Montanus' Geburtshaus

Daneben liegt ein zweigeschossiges, verschiefertes Fachwerkhaus mit Walmdach und aufwendiger Traufen- und Türdekoration im Empirestil aus dem Jahre 1804 (Hausnummer 53) – das Geburtshaus des „Montanus“. Unter diesem volkstümlichen Namen veröffentlichte der bergische Dichter, Heimatforscher und Politiker Vinzenz von Zuccalmaglio (1806–1876) über siebzig Bücher und Gedenkschriften. Im Hauptberuf war er Notar und Justizrat. Sein Vater, Salentin von Zuccalmaglio, war lange Bürgermeister von Schlebusch und Opladen. Vinzenz' Bruder Anton Wilhelm wurde durch seine Sammlung von Volksliedern berühmt, das bekannteste darunter ist „Kein schöner Land“. Ein wenig weiter liegt auf der rechten Straßenseite der ehemalige Herkenrath-Hof, der nun Geschäfte und Gastronomie beherbergt und einen einladenden Innenhof hat. Die Hofanlage von 1720 ist eine von nur zwei erhaltenen Höfen der früheren Agrardomäne Schlebusch. Die zweite, größere Anlage, der Binnerste Hof, liegt am Ende der Fußgängerzone an der Ampelkreuzung, jenseits der querenden Umgehungsstraße. Der Hof

Das Pfarrhaus von St. Andreas in Schlebusch mit „bergischgrünen“ Fensterläden

ist bereits im 12. Jahrhundert erwähnt, diente vom 15. bis 17. Jahrhundert als Sitz der Ritter von Schlebusch, ging später an den Deutschen Ritterorden über und befindet sich seit 1805 in Privatbesitz. Von hier führt der Weg wieder zurück durch die Fußgängerzone zur Dhünnbrücke.

Gartenreich Schlebusch und Freudenthaler Sensenhammer

Gleich an der Dhünn liegt die Villa Wuppermann, einst eine Fabrikantenvilla, heute das Bürgerzentrum der Stadt Leverkusen (Mülheimer Straße 14). Das Haus wurde im 19. Jahrhundert als Sommerresidenz des Köln-Mülheimer Tuchfabrikanten Andreae im Stil eines Schweizer Landhauses mit Holzverschalung, Veranden und üppigem Schnitzwerk errichtet. Es liegt in einer großzügigen Parkanlage, die mit hohen alten Bäumen, großen Wiesen und Spielplätzen ein beliebtes Ausflugsziel bietet. Die Villa Wuppermann war ab 1885 rund hundert Jahre der Stammsitz der Familie Wuppermann, deren Stahlwerk mit bis zu zweitausendfünfhundert Mitarbeitern lange der zweitgrößte Arbeitgeber in Leverkusen war. Weitere parkartig ge-

Im alten Herkenrather Hof in Schlebusch laden Läden und Lokale zum Verweilen ein.

Die Villa Wuppermann und ihr großer Landschaftspark gehören zum „Gartenreich Schlebusch“.

staltete Grundstücke um die Landsitze von Industriellen an der Dhünn begründen das „Gartenreich Schlebusch".
Ein lohnenswerter Abstecher zum Industriemuseum Freudenthaler Sensenhammer führt durch den Hammerweg (eine Abzweigung von der Mülheimer Straße nahe der Dhünnbrücke). Das ehemalige Fabrikensemble umfasst eine intakte Werksanlage mit funktionstüchtigen Maschinen und authentischen Gebäuden. Die große Schmiedehalle bildet das Herz des Industriemuseums. Wenn der Ölofen heizt und qualmt und die Hämmer dröhnen, fühlen sich die Besucher in eine andere Zeit versetzt (siehe Themenraum S. 40).

Kunstmuseum Schloss Morsbroich im Park
Wenn Sie dem gut ausgeschilderten Weg Richtung Leverkusen Mitte am Dhünnufer folgen, hören Sie im Sommer weithin die fröhliche Geräuschkulisse des Freibads Auermühle. Das Wehr der ehemaligen Auermühle ist in den letzten Jahren stellenweise abgesenkt worden, um den Fischen die Wanderung flussaufwärts zu erleichtern. Hier betreiben Wupperverband und Sportangelverein gemeinsam eine Kontroll- und Brutstation für Lachse und Meerforellen. Folgen Sie dem Weg durch den Waldsaum, ist schon bald Schloss Morsbroich erreicht. Im Jahre 1220 wurde der Standort erstmals erwähnt und war zunächst ein Sitz der Grafen von Berg und ihrer Lehnsleute. Ab 1619 befand sich die Burg dann im Besitz des Deutschen Ordens, bis 1774 Ignaz von Roll sie abbrechen und durch ein barockes Schlösschen ersetzen ließ. Nach der napoleonischen Säkularisierung zu Beginn des 19. Jahrhunderts geriet das Schloss an die Preußen, die das Anwesen 1817 einem Kölner Bankier verkauften. 1857 übernahm wiederum die Familie des Viersener Seidenfabrikanten Friedrich von Diergardt das Haus und ließ es um zwei

Schloss Morsbroich beherbergt die städtische Kunstsammlung Leverkusens.

Flügel erweitern. Im Jahre 1948 mietete die Stadt Leverkusen das Gebäude an und erwarb es schließlich 1974. Nach umfangreicher Sanierung beherbergt Schloss Morsbroich seit 1985 das Städtische Museum mit einer reichen Sammlung zeitgenössischer Kunst. Bemerkenswert ist unter anderem die grafische Sammlung mit Aquarellen, Handzeichnungen und Druckgrafiken. Großer Beliebtheit erfreuen sich Konzerte auf der Freilichtbühne und im repräsentativen Spiegelsaal. Der weitläufige, romantische Park mit seinen Wiesenflächen und Wasserläufen lädt zu einem entspannten Spaziergang ein. Frisches Obst aus eigener Ernte können Sie auf dem benachbarten Obstgut Morsbroich erstehen.

Auch ein kleiner Abstecher zur **Gezelinkapelle** mit ihrer „heiligen Quelle" (siehe Themenraum S. 44) lohnt sich – die Kastanienallee jenseits der viel befahrenen Gustav-Heinemann-Straße führt geradewegs auf sie zu. Von dort geht es wieder zurück zur Dhünn, deren Lauf Sie weiter Richtung Leverkusen folgen. Jenseits des Waldsaums tauchen bald die ersten Häuser des Ortsteils Alkenrath auf. Die Mustersiedlung entstand in den 1950er-Jahren mit zweitausendsechshundert Wohnungen, nahe an Dhünn, Wald und Wiesen. Mit Kindergärten und Schulen, Marktplatz und Kirchen wurde ein Idealbild einer neuen, überschaubaren und in sich geschlossenen Siedlung errichtet.

Sportpark Leverkusen

Ist die Bahnlinie unterquert, liegt ein Sportplatz zur Rechten und kurz dahinter begleiten großzügig angelegte Rad- und Fußwege die Dhünn in ihrem schmalen Bett. Gelegentlich verleiten Ruhebänke oder Spielplätze zu einer Pause, weitläufige Schrebergartenanlagen erstrecken

In Alkenrath entstand in den 1950er-Jahren eine Mustersiedlung im Grünen für Tausende von Neubürgern.

sich zur Rechten. An manchen Tagen ist es nicht zu verkennen, dass die BayArena in der Nähe liegt, das Fußballstadion von Bayer Leverkusen. Erwartungsvolle Fans mit Vereinsschals und ganze Familien in Trikots ziehen den Weg entlang und die Stimme des Stadionsprechers erklingt über der Dhünn. Die BayArena ist Teil des Sportparks Leverkusen, in dem konzentriert auf hundertachtzigtausend Quadratmetern auch die Kurt-Rieß-Anlage mit weiteren Sportplätzen und -hallen, die Rundsporthalle Smidt-Arena sowie ein Spaßbad in enger Nachbarschaft liegen. In der Sportstadt Leverkusen ist mehr als ein Viertel der Bürger Mitglied in einem Sportverein. Nun geht es auf den Neuland-Park zu: Weite Spielgelände und Sportflächen sind hier im Osten des Parkgeländes angelegt, und eine großzügie Skater-Anlage fordert mit Halfpipes und allen Schikanen Sportbegeisterte heraus – sie ist auch bei feuchtem Wetter attraktiv, weil die Autobahn A 1 sie überdacht. Ein wenig weiter passieren Sie eine große Liegewiese, einen Bolzplatz und Spielmöglichkeiten für jüngere Kinder. Linker Hand fällt die Forumbrücke auf, die sich durch ihre geringe Höhe elegant in die Auenlandschaft der Dhünn einfügt. Vorbei am Veranstaltungszentrum Forum wären rasch die City und der Bahnhof Leverkusen erreicht – doch es geht weiter Richtung Rhein. Hier wurde der Lauf der Dhünn vor wenigen Jahren naturnah umgestaltet. Die Wackelbrücke hält, was ihr Name verspricht, und ist nicht nur bei Kindern überaus beliebt. Radfahrer bevorzugen die nachfolgende, feste Brücke über die Dhünn. Dann kommt schon der Neuland-Park in Sicht (siehe Themenraum S. 26), und gleich am Haupteingang Mitte an der Nobelstraße treffen wir auf ein Café. Durch den Neuland-Park geht es nun rasch auf den Rhein zu, wo weite Spiel- und Liegewiesen und das Ausflugslokal „Wacht am Rhein" zur Rast einladen.

Im Zuge der abschnittsweisen Renaturierung erhielt die Dhünn wieder ein natürliches Flussbett.

Industriemuseum Freudenthaler Sensenhammer

In der idyllischen Aue der Dhünn, gerahmt von Wald und Weiden, liegen die Werksanlagen der ehemaligen Sensenfabrik H. P. Kuhlmann Söhne, samt Fabrikantenvillen, Arbeiterwohnhäusern, Stauteich und Wehranlage. Die Fabrik bestand seit 1837 dort, wo bereits Jahrzehnte zuvor die Wasserkraft der Dhünn gewerblich genutzt wurde, und war auf die Herstellung schwerer Schneidgeräte für Land- und Forstwirtschaft, wie Sensen, Sicheln und Messer, spezialisiert. Doch nach und nach ersetzten Mähdrescher die Handarbeit – das Werk wurde 1987 geschlossen und fiel in einen kurzen Dornröschenschlaf. Im Jahre 2005 konnte Dank des Engagements eines Fördervereins und der Nordrhein-Westfalen-Stiftung das Industriemuseum Freudenthaler Sensenhammer eröffnet werden.

Wasserkraft weicht Renaturierung

Lange war eine herausragende Besonderheit des Sensenhammers die original erhaltene Wasserkraftanlage gewesen: Sie umfasste ein aufwendiges Wehr in der Dhünn mit Wassergraben zur Fabrik, einen Dynamo, der seit 1906 anstelle früherer Wasserräder und späterer Turbinen die Wasserkraft in elektrische Energie umsetzte, ein ausgeklügeltes System von Transmissionsriemen zur Kraftübertragung an die Maschinen und einen weiteren Mühlgraben, der das Wasser wieder der Dhünn zuführte. Die Fabrik und später das Museum produzierten mit Wasserkraft den

Am Freudenthaler Sensenhammer floss bis 2009 das Wasser nach der Nutzung zur Stromerzeugung durch den Untergraben wieder zur Dhünn zurück.

eigenen Strom – doch dies ist seit 2009 Geschichte. Um die Durchgängigkeit der Dhünn für Wanderfische bis zur Dhünntalsperre ermöglichen zu können (siehe S. 42), verzichtet der Förderverein des Museums in enger Abstimmung mit dem Wupperverband und den zuständigen Behörden zukünftig auf seine traditionellen Wasserrechte und die damit verbundene Nutzung der Wasserkraft.

Lebendiges Museum

Beim Rundgang durch das detailreich und unterhaltsam ausgestattete Museum zwischen den Originalmaschinen und an den historischen Arbeitsplätzen wird die schwere Arbeit der Sensenschmiede in ihrem Zusammenwirken von handwerklicher Arbeit und fabrikmäßiger Fertigung lebendig. Mehr als zwanzig Arbeitsschritte waren erforderlich, um aus angelieferten Stahlstangen hochwertige Sensen zu produzieren. Im Museum werden einige Personen vorgestellt, denen man an den verschiedenen Arbeitsplätzen begegnet: Da trifft man auf hoch qualifizierte Schmiede ebenso wie auf den ehemaligen Fabrikbesitzer oder Maria aus Sizilien, die in der Lackiererei arbeitete. Vielfältige Informationen, Gegenstände und Fotos verdichten sich zu einem lebendigen Bild der Fabrik mit ihren Hierarchien, Gefahren und Herausforderungen für die Angestellten.

Und mehr als das – es wird immer noch geschmiedet. Wer bei Vorführungen die große Schmiedehalle des Sensenhammers betritt, kommt aus dem Staunen nicht heraus, wenn dort die mächtigen, historischen Hämmer ohrenbetäubend rattern und schlagen, der Boden bebt und geschickte Schmiede den rot glühenden Stahl in schlanke, scharfe Sensen und Sicheln verwandeln. Erleben Sie es selbst und unternehmen Sie eine Zeitreise im Industriemuseum Freudenthaler Sensenhammer.

Im Industriemuseum Freudenthaler Sensenhammer zeigen ehrenamtliche Schmiede ihr faszinierendes Handwerk.

Dhünn-Renaturierung

Die Dhünn entspringt nahe der oberbergischen Stadt Wipperfürth und ist mit einer Länge von vierzig Kilometern das größte Nebengewässer der Wupper. Auf den letzten Kilometern vor ihrer Mündung in die Wupper fließt sie durch die Innenstadt von Leverkusen. Hier ist sie erstmals seit langer Zeit wieder natürlich erfahrbar, denn sie wurde vor wenigen Jahren naturnah umgestaltet.

Im Laufe des 20. Jahrhunderts war die Dhünn auf einer längeren Strecke im Unterlauf vollständig eingedeicht und begradigt worden. Der Schutz der Anwohner vor Hochwasser stand damals im Vordergrund. Als gegen Ende des Jahrhunderts in der Gesellschaft ein ökologisches Umdenken einsetzte, wurde der Wert eines Gewässers als Landschaftselement und Lebensraum für Tiere und Pflanzen wieder höher geschätzt. So war die Bedeutung der Dhünn als Lebensraum für Fische bei der Umgestaltung ein wichtiger Aspekt.

Wanderfischprogramm Nordrhein-Westfalen

Das Wanderfischprogramm des Landes Nordrhein-Westfalen zielt auf die Wiederansiedlung empfindlicher Fischarten wie Lachs

Mit der Renaturierung der Dhünn sind Hoffnungen auf die Wiederansiedlung von Lachs und Meerforelle verbunden.

und Meerforelle in den Nebenflüssen des Rheins ab. Voraussetzung für die Ansiedlung dieser Fische sind eine gute Wasserqualität, eine möglichst gute Beschaffenheit von Gewässerbett und Uferbereichen sowie die Durchgängigkeit der Gewässer. Auf einer Strecke von drei Kilometern von der Mündung flussaufwärts wurden deshalb alte Betoneinfassungen, Wasserbausteine und Schwellen entfernt. Das Flussbett der Dhünn verläuft hier nun wieder durchgängig und ohne künstliche Einbauten. Der Flusslauf wurde durch Windungen verlängert und aufgelockert, breitere und schmalere Stellen wechseln sich ab und Kiesbänke, Seitenarme und Gehölzinseln sind entstanden. Dabei wurden die Gehölzstrukturen im Uferbereich weitgehend erhalten. Frei gewordene Flächen überlässt man einer eigenständigen Entwicklung, damit sich im Laufe der Zeit genau diejenigen Pflanzen und Gehölze ansiedeln, die ihren natürlichen Standort hier haben.

Mit der naturnahen Umgestaltung der Dhünn als Starthilfe kann die Natur die weitere Entwicklung übernehmen: Tier- und Pflanzenarten können sich das Gewässer zurückerobern, Fische und Kleintiere finden Nahrung und Ruheplätze. Für die Menschen entsteht ein wertvoller Erholungsraum mitten in der Stadt. Ein naturnahes Gewässer besitzt außerdem eine höhere Selbstreinigungskraft als ein kanalartiger Bachlauf, sodass sich die Gewässerqualität der Unteren Dhünn insgesamt verbessert.

Die Dhünn hat mehr Bewegungsfreiheit erlangt und gleichzeitig ist der Hochwasserschutz gewährleistet, denn die Deiche blieben bestehen. Auf den Deichkronen machen Wege die Flusslandschaft für Radfahrer und Fußgänger erlebbar, offene Wiesenflächen, Holzdecks am Ufer und eine fünfundzwanzig Meter lange Wackelbrücke bieten den direkten Zugang zum Wasser und laden zum Verweilen ein.

Das neu gestaltete Ufer und die Auenbereiche der Dhünn laden zum Spielen und im Sommer auch zum Planschen ein.

Die Gezelinkapelle mit heiliger Quelle

Der Altenberger Laienbruder Gezelinus erregte durch Bescheidenheit und Klugheit schon zu Lebzeiten im 12. Jahrhundert Aufsehen, und um sein Leben rankt sich manche Legende. Demnach soll Gezelinus während einer Dürreperiode durch Gebete und den Stoß seines Schäferstabes in der Nähe von Morsbroich eine frische Quelle zum Sprudeln gebracht haben. Als die erste Kapelle über der Quelle verfallen war, bauten Mönche sie erneut auf, und zwei weitere Neubauten erfolgten 1659 und 1868. Die Kapelle ist heute denkmalgeschützt, der Vorbau wurde 1979 hinzugefügt. Das Innere birgt einen Altar mit einer Gezelinstatue von 1730, weitere Statuen aus dem 17. Jahrhundert und eine Madonna von 1868.

Das borhaltige Wasser der Quelle besitzt einen niedrigen pH-Wert und lässt sich gut lagern. Eine heilende Wirkung bei Schleimhauterkrankungen, speziell der Augen, der Nase, des Magens und Darms, wird ihm nachgesagt und es heißt, dass Kaffee und Tee mit dem Wasser ihr ganzes Aroma entfalten. Noch heute werden die Täuflinge der Schlebuscher Pfarrkirche St. Andreas mit dem Quellwasser getauft, und in dieser Kirche werden die Reliquien des Mönchs aufbewahrt. In der Volksfrömmigkeit hat Gezelinus einen festen Platz: Als Höhepunkt gilt alljährlich die Gezelin-Oktav, die am Sonntag nach Fronleichnam beginnt und mit am Waldaltar abgehaltenen Messen begangen wird.

An der Gezelinkapelle in Schlebusch sprudelt eine Quelle, der heilende Kräfte nachgesagt werden.

Regionale 2010 Schiffsbrücke Wuppermündung

Eine Schiffsbrücke über die Wupper aus drei Binnenschiffen und einem darüberführenden Steg stellte lange Zeit eine kurze und bedeutende Verbindung für Fußgänger und Radfahrer zwischen Wiesdorf und den Rheinorten im Norden dar. Mit dem Aufschwung der Leverkusener Industrie erfuhr auch die Schiffsbrücke eine steigende Beliebtheit. Bald entstand eine kleine Gastronomie an der originellen Brücke als Ausflugsziel. Doch gegen Ende des 20. Jahrhunderts setzten geänderte Verkehrsgewohnheiten und mangelnde Wartung der Brückenanlage stark zu und sie wurde beinahe zerstört. Nun hat der Förderverein Schiffsbrücke Wuppermündung e. V. mit großem Engagement die Schiffe instand gesetzt und der einstige Schiffssteg soll wiedererstehen. Damit kann das technikhistorische Denkmal wieder genutzt werden, der rheinnahe Fuß- und Radweg erhält eine touristische Attraktion und die Aufenthaltsqualität am Rhein steigt. Über zwei fest verankerte Schiffe wird Mitte 2010 wie früher ein Steg den Flussarm der alten Wuppermündung queren, und ein einfaches Gastronomieangebot wird Anfang 2011 einen Ausflugspunkt bilden. Ein drittes Binnenschiff soll als „Jugendschiff“ ein Ziel für Schulklassen werden und in der Nähe der Steganlage ankern. Innerhalb der Regionale 2010 bildet das Projekt „Schiffsbrücke Wuppermündung“ ein kulturelles Bindeglied zwischen den Projekten „Grüner Fächer Leverkusen“ und „WupperWandel“ (siehe S. 106).

Die originelle Schiffsbrücke wurde lange Zeit gerne und häufig von Anwohnern und Besuchern zur Überquerung des Flusses genutzt.

Regionale 2010
Neue Bahnstadt Opladen

Mit dem Regionale 2010-Projekt „Neue Bahnstadt Opladen“ entsteht ein attraktiver Stadtteil mit Wohnen, Dienstleistungen und Gewerbe auf einem früheren Bahngelände zwischen den Leverkusener Stadtteilen Quettingen und Opladen. Das über siebzig Hektar große Projektgebiet umfasst das ehemalige Ausbesserungswerk Opladen und den Gleisbauhof. Das „Grüne Kreuz“ soll das zentrale grüne Scharnier zwischen der Innenstadt von Opladen und Quettingen werden – sein Ost-West-Grünzug, die „Grüne Mitte“, ist ab Herbst 2010 für Fußgänger und Radfahrer geöffnet. Auch der Bau von Brücken zwischen den beiden Ortsteilen gehört zu den ersten Maßnahmen. Einige historische Bauten der Industriekultur wie der Wasserturm oder das Kesselhaus sowie bestehendes Grün spielen eine wichtige Rolle in der Projektentwicklung. Der Neubau des Bahnhaltepunkts Opladen und die Umgestaltung seines Umfeldes sind ebenfalls längerfristig vorgesehen.

Die Bahnstadt soll für ein junges Publikum attraktiv werden. So entsteht hier zum Beispiel der „Campus Leverkusen“ mit zunächst fünfhundert, später tausend Studienplätzen in Erweiterung der Fachhochschule Köln in den Fächern Technische und Pharmazeutische Chemie und Physikalische Technik. In ihrer Freizeit könnten die Studierenden klettern gehen: Im historischen Kesselhaus des Eisenbahnausbesserungswerks soll Nordrhein-Westfalens höchste Kletterhalle, das „A-Werk“, mit einer Höhe von dreiundzwanzig Metern entstehen

Die Neue Bahnstadt Opladen entsteht auf einem ehemaligen Betriebsgelände der Bahn.

Industriemuseum Freudenthaler Sensenhammer
Freudenthal 68,
51375 Leverkusen-Schlebusch
Tel. 0214 / 500 72 68
www.sensenhammer.de
März–Sep. Di–Fr 10–13, Sa 12–18,
So 10–18 Uhr, Okt.–Feb. Di–Fr 10–13,
Sa 12–17, So 10–17 Uhr
Eintritt: Erw. € 3,00, Kinder ab 6 Jahre € 2,00, Familien € 7,00
Anreise mit ÖPNV: Buslinie 208 von Leverkusen Mitte

Kolonie-Museum
Nobelstraße 78–82,
51373 Leverkusen
Tel. 0214 / 32 84 40
Sa 15–18, So 15–18 Uhr
Eintritt frei

Museum Morsbroich
Gustav-Heinemann-Str. 80,
51377 Leverkusen
Tel. 0214 / 855 56-0
www.museum-morsbroich.de
Di 11–21 Uhr, Mi–So 11–17 Uhr,
feiertags bis 17 Uhr
Eintritt: Erw. € 5, erm. € 3,50,
Familie € 13,50
Öffentliche Führung: So 15 Uhr, Gebühr € 7
Anreise mit ÖPNV: Buslinie 212 von Leverkusen Mitte

Neuland-Park
www.neuland-park.de
1. Apr. – 14. Okt. 6–22 Uhr,
15. Okt. – 31. März 6–18 Uhr
Eintritt: frei
Das Mitführen von Hunden und das Grillen sind im eingezäunten Bereich nicht erlaubt

Weitere Informationen zum Regionale 2010-Projekt **Neue Bahnstadt Opladen**:
www.neue-bahn-stadt-opladen.de

Schiffsbrücke Wuppermündung
Informationen finden Sie unter:
www.regionale2010.de
oder beim Förderverein Schiffsbrücke Wuppermündung e. V.:
home.arcor.de/schiffsbruecke

Sportpark Leverkusen
Aktuelle Veranstaltungen und Informationen zum Freizeitbad CaLevornia und weiteren Bädern in Leverkusen finden Sie unter:
www.sportpark-lev.de

Im Frühjahr weidet eine Schafherde in der Rheinaue bei Leverkusen.

Erlebnisraum Dhünn

Die Dhünn ist nur vierzig Kilometer lang, aber der größte Nebenfluss der Wupper bietet ein eindrucksvolles Mosaik sowohl unterschiedlicher Lebensräume wie verschiedenartiger historischer Nutzungen – kurz: Die Dhünn durchfließt, obwohl sie gerade in ihrem Oberlauf bis Altenberg vor allem von Wald an ihren Hängen geprägt ist, eine alte Kulturlandschaft. Seit weit über tausend Jahren siedelten hier Menschen. Sie legten das Tal, da wo sie leben wollten, trocken, rodeten die Wildnis, nutzten die Ebene zur Viehwirtschaft und die Kraft des Wassers für die Maschinen. Was sie schufen und im Laufe der Jahre wieder aufgaben, zum Beispiel Pulver herzustellen in einer der Mühlen im Helenental, einem besonders malerischen Abschnitt der Dhünn, wollen wir auf den nächsten Seiten genauso beleuchten wie die Ingenieurs- und Baukunst.

Was können Sie hier tun und erleben?

Im Dhünntal stehen zwei herausragende, Jahrhunderte überdauernde Bauwerke: der Dom zu Altenberg, der dem Tal ebenso seinen Stempel aufdrückt wie die Große Dhünntalsperre, eine der größten deutschen Trinkwassertalsperren. Wir laden Sie ein, diese Bauten bei dieser Reise in die Heimat näher kennenzulernen und auf sich wirken zu lassen – und dabei nachzuvollziehen, wie sich ein Tal im Laufe von mehr als einem Jahrtausend entwickelt und mit dem Bau der Talsperre gravierend verändert hat.

Folgen Sie dem Tal von Schlebusch bis Odenthal, der Wiege des Bergischen Landes mit dem Ursitz der Grafen von Berg. Ein Spaziergang durch den kleinen, aber äußerst feinen Odenthaler Ortskern, direkt an der Dhünn, lohnt ebenso wie ein abwechslungsreicher, geschichtlich und landschaftlich gleichermaßen geprägter Rundgang durch Altenberg. Und oberhalb Altenbergs, wo das Tal immer enger und urtümlicher wird, locken längere Wanderungen durch das Tal des Eifgenbachs, des wichtigsten Nebengewässers der Dhünn, sowie durch das Helenental bis zur gewaltigen Staumauer der Talsperre.

Romantischer Abschnitt entlang der Dhünn bei Altenberg

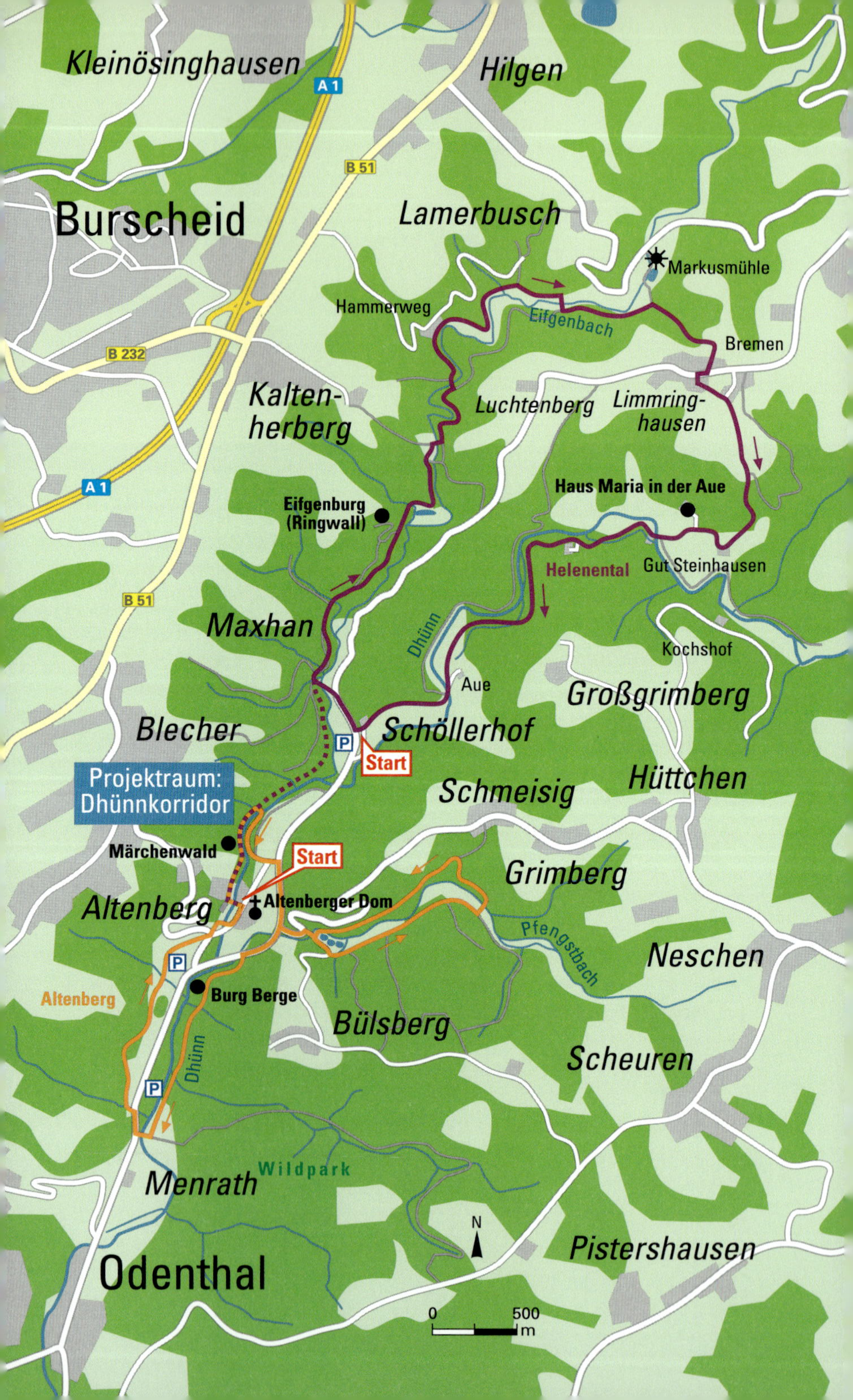
Kleinösinghausen
A 1
Hilgen
B 51
Burscheid
Lamerbusch
Markusmühle
Hammerweg
Eifgenbach
Bremen
B 232
Kalten-
herberg
Luchtenberg
Limmring-
hausen
A 1
Haus Maria in der Aue
Eifgenburg
(Ringwall)
Helenental
Gut Steinhausen
B 51
Maxhan
Dhünn
Kochshof
Aue
Großgrimberg
Blecher
Schöllerhof
P
Start
Projektraum:
Dhünnkorridor
Schmeisig
Hüttchen
Märchenwald
Start
Grimberg
Altenberg
Altenberger Dom
Pfengstbach
Neschen
P
Altenberg
Burg Berge
Bülsberg
Scheuren
Dhünn
P
Menrath
Wildpark
N
Odenthal
Pistershausen
0
500
m

Von Schlebusch dhünnaufwärts

Heinrich Plönes, 1885 am Niederrhein geboren und sechzehn Jahre an einem Gymnasium in Leverkusen tätig, hat das Dhünntal bis zu seinem Tod im Jahre 1956 oft bewandert. Die Einzigartigkeit des Tales und die Kraft des Flusses haben ihn gereizt, sich in die Rolle der Dhünn zu versetzen und sie ihren Weg erzählen zu lassen. Zwischen Schlebusch und Odenthal nimmt das Tal seine weiteste Ausbreitung. Plönes beschreibt dies so: „In größeren Windungen als bisher schlängele ich mich jetzt durch das weite Tal. Hier spiegelt sich die Sonne ungehindert in mir und verwandelt mich in einen Strom von gleißendem Licht ... Wo sie aber so unbarmherzig auf mich herabscheint, habe ich mich mit dichten Weidensträuchern eingesäumt, die wie flauschige, silbergrüne Bäusche auf meinen Ufern liegen und ihre Zweige in meine Flut tauchen."

Die Landwirtschaft prägt das Tal

Man mag über Plönes' poetische Ausführungen schmunzeln, aber er hat recht: Hier ist die Dhünn allein, nicht gesäumt von Wäldern und prägenden Einzelbäumen. Hier ist die Ebene tellerflach, wie gemacht für die Landwirtschaft. Deshalb haben sich hier über Jahrhunderte hinweg größere landwirtschaftliche Betriebe angesiedelt und zum Teil bis heute erhalten – wenn ihnen dabei auch nicht in jedem Fall die Liebe für das Denkmalwerte und die Historie anzusehen ist. Landwirtschaft wird heute auf dem Leimbacher Hof betrieben, direkt hinter Schlebusch, an der Landstraße nach Schildgen. Der Hof, der schon früh urkundlich erwähnt wurde, gehörte nach der Säkularisation als landwirtschaftliches Gut zu Schloss Morsbroich (siehe S. 37).

Weiler und Höfe waren einst von Obstwiesen umgeben: Das Jungvieh weidete dort, die Menschen ernteten.

Etwas weiter talaufwärts liegt Gut Hummelsheim, von dem heute noch ein unter Denkmalschutz gestelltes Fachwerkdoppelhaus mit angrenzender Fachwerkscheune besteht. Die Dhünn fließt hier in einem „Dreiländereck“: Hummelsheim gehört zum Stadtgebiet Leverkusens; der bald folgende Ort Schildgen ist heute ein Stadtteil Bergisch Gladbachs. Bis 1975 hatte Schildgen zur Gemeinde Odenthal gehört, und mit dem Ort war auch das nächste landwirtschaftliche Anwesen am Ortsausgang von Schildgen, der Hoverhof, eingemeindet worden. Der Hoverhof ist ebenfalls eine alte Siedlung, wahrscheinlich aus dem 14. bis 15. Jahrhundert. Im Jahre 1803 wohnten dort vierzehn Menschen in vier größeren Gebäuden. Das repräsentative Herrenhaus aber, umgeben von teilweise sehr baufälligen Fachwerkstallungen mit Backsteinmauerwerk, wurde erst in den 1920er-Jahren durch den Industriellen Dr. Silverberg errichtet; er dehnte den Besitz noch einmal erheblich aus und ließ die erst vierzig Jahre zuvor erbaute Villa wieder abreißen.

Von 1890 stammt auch das etwa zwei Kilometer talaufwärts gelegene sogenannte Osenauer „Schlösschen“, das sich heute im Besitz der Familie Wukasch befindet, die dort einen Kinderreiterhof betreibt. Otto Weiler hatte sich auf dem Hang über der Dhünn, hoch thronend, das repräsentative Gebäude errichten lassen – in deutlichem Gegensatz zu den charakteristischen Fachwerkhäusern, die Osenau ebenso prägten wie die anderen Höfe im Dhünntal.

Wo das Tal sich unvermittelt weitet: die Dhünn bei Hummelsheim
Das Osenauer „Schlösschen“ wurde hoch über dem Tal vor rund hundert Jahren errichtet.

Die Wiege des Bergischen Landes

Die Gemeinde Odenthal ist mit ihren sechzehntausend Einwohnern die kleinste im Rheinisch-Bergischen Kreis und vorrangig eine Wohngemeinde – dies wissen die Menschen, die in Leverkusen, Köln oder Düsseldorf arbeiten, zu schätzen. Besonders der westliche Höhenrücken über der Dhünn, von Glöbusch über Erberich und Holz bis Blecher, ist in den letzten Jahrzehnten stark besiedelt worden. Der Blick von den Bergischen Höhen **(Bd. 3)** auf die Rheinebene übt eben einen besonderen Reiz aus.

Aus „Udindarre“ wurde Odenthal

Odenthal selbst, das Dorf im Dhünntal, nennt sich gar nicht unbescheiden „die Wiege des Bergischen Landes“ – wenn diese auch eher etwas talaufwärts in Altenberg gestanden hat (siehe S. 57). Dort hatten die Grafen von Berg auf Burg Berge bis zum Jahre 1100 ihren Sitz, ehe sie sich in Schloss Burg an der Wupper niederließen (siehe S. 102). Nachdem die Franken begonnen hatten, das Rhein-Hinterland zu erobern, soll das Tal der Dhünn mit seinen waldreichen Hängen einen Ritter namens Udo im 9. Jahrhundert bewogen haben, dort zu siedeln. Da das Tal sehr feucht war, begann er, seinen Bauplatz trockenzulegen, ihn zu „darren“. So entstand der Name „Udindarre“, der sich zum heutigen „Odenthal“ entwickelte.

Der Odenthaler Kirchturm beherbergt die vermutlich älteste Glocke des Rheinlandes.

Odenthal

Für den Rundgang durch Odenthal (Weglänge: zwei Kilometer) empfiehlt es sich, auf dem Parkplatz am Schulzentrum zu parken, den Sie von der Bergisch Gladbacher Straße aus erreichen. An dieser Straße entlang sind es nur wenige Meter bis zum alten Ortskern. Am Kreisverkehr nehmen Sie nach links die Altenberger-Dom-Straße, um kurz vor der Brücke über die Dhünn – das verschieferte Hotel „Zur Post" mit seiner hervorragenden Küche im Blick – nach rechts in die Dorfstraße abzubiegen.

„Hexen-Odenthal"

Das alte Odenthal ist geprägt von zweigeschossigen, markanten Fachwerkhäusern: Die Nummer 14 ist die ehemalige Küsterei, die Nummer 12 das „Bergische Haus", ein früheres Gasthaus, und die Nummer 10 das für Veranstaltungen nutzbare Bürgerhaus, das von der Gemeinde restauriert wurde. Auf dem mit Kopfsteinen gepflasterten kleinen Platz befindet sich der Hexenbrunnen – eine von vielen Odenthalern gar nicht so gern gesehene Erinnerung an ein dunkles Kapitel in der Ortsgeschichte, was dem Dorf auch den Namen „Hexen-Odenthal" eingetragen hat. Rund ein Jahrhundert lang wurden besonders in Odenthal „Hexen"

Fließgewässer sollen fließen – wie an der Dhünn – darum wurden Wehre vielfach abgebaut.

Erinnerung an „Hexen-Odenthal": Die letzte hier verbrannte Frau stammte aus Schildgen.

verfolgt und innerhalb eines Jahrzehnts zu Beginn des 17. Jahrhunderts gleich acht Frauen verbrannt. Eine von ihnen war Katharina Güschen aus Nittum bei Schildgen, die als „Scheuer Tring" nach dreizehn Monaten im Kerker wegen angeblicher Zauberei erst stranguliert wurde und dann auf dem Scheiterhaufen endete. Die denkwürdigen Gerichtsverhandlungen sind mit Protokollen dokumentiert.

Die älteste Glocke des Rheinlands

Sowohl der Hexenbrunnen als auch die Fachwerkhäuser befinden sich im Schatten der Kirche St. Pankratius. Hundert Jahre lang hielten die Ur-Odenthaler bis zur Mitte des 11. Jahrhunderts ihre Messe in einer Holzkirche ab, dann entstand die heutige schlichte, zunächst einschiffige, später dreischiffige Pfeilerbasilika aus Stein im romanischen Stil. Sie wurde im Laufe der Jahrhunderte teilweise verändert und in den 1970er-Jahren grundlegend renoviert. Im Turm, einem der ältesten Bauteile der Kirche, hängen vier Glocken, wovon eine, die wohl um 1050 gegossen wurde, heute als die älteste noch erhaltene Glocke des Rheinlands gilt. Auch die drei anderen Glocken sind sehr alt; sie entstanden zwischen dem 11. und 14. Jahrhundert. Ein kleiner Tipp: Im Internet ist auf der Homepage der Pfarrgemeinde St. Pankratius die älteste Glocke zu hören.
Zu den eindrucksvollen Bauten im alten Odenthaler Ortskern gehört auch die Nummer 4. Das verschieferte Pfarrheim, das einst die Schule war, ist ein Fachwerkbau aus der ersten Hälfte des 19. Jahrhunderts. Das Pfarrhaus selbst, aus der ersten Hälfte des 18. Jahrhunderts, liegt etwas weiter nördlich jenseits des Friedhofs an der Altenberger-Dom-Straße. Zusammen mit den ehemaligen Stallungen, die zu Wohnungen umgebaut wurden, steht das gesamte Ensemble unter Denkmalschutz.

Stilbildend für das Bergische: schwarzes Fachwerk, weißer Putz und grüne Fensterläden

Dazu zählt auch die 1697 erbaute Friedhofskapelle, ein kleiner Holzbau direkt an der Straße.

Sehenswert ist auch das Rathaus, das gewissermaßen im Schatten der Kirche nahe dem vor wenigen Jahren errichteten Kreisverkehr mit dem Brunnen in der Mitte steht. Es handelt sich um ein Backsteinhaus aus dem 19. Jahrhundert, das der damalige Bürgermeister Drecker errichten ließ, das aber zu klein ist, um alle Dienststellen der Gemeinde unterzubringen. Weitere Ämter befinden sich auf der anderen Seite des Kreisverkehrs in einem Gebäude an der Straße nach Bergisch Gladbach.

Ebenfalls am Kreisverkehr liegt der „Herzogenhof", heute ein Restaurant mit Bierstube im Fachwerkstil. Der alte Herzogenhof war die Keimzelle der Besiedlung des Dorfes: Dort saß man zu Gericht, betrieb Ackerbau und Viehzucht und bewirtete Gäste, bis das Gebäude in den 1960er-Jahren abgerissen und in seiner heutigen Form neu errichtet wurde.

Unser Rundgang führt dorfauswärts in Richtung Altenberg. Nach rechts zweigt eine Lindenallee ab, die direkt auf Schloss Strauweiler zuführt, den Sitz der Familie zu Sayn-Wittgenstein. Sie ist der größte private Waldbesitzer der Gemeinde. Über die Forststraße und das Herzogenfeld mit Häusern aus den 1970er- und 1980er-Jahren, gewissermaßen das Neubaugebiet im alten Dorf Odenthal, geht es zurück zum Schulzentrum.

Eine malerische Lindenallee führt auf Schloss Strauweiler zu.

Altenberg: Rund um den Altenberger Dom

Der folgende Rundweg beginnt und endet auf dem Domvorplatz in Odenthal-Altenberg (Weglänge: rund sieben Kilometer). Die Ordensgemeinschaft der Zisterzienser wirkte fast sieben Jahrhunderte an diesem Ort. Sie kultivierte die Landschaft und schuf geistige, kulturelle und wirtschaftliche Kontakte in nah und fern. Für die Gründung des Klosters im Jahre 1133 sorgten der Landesherr Graf Adolf von Berg und seine Brüder mit einer Stiftung, und bereits ab dem Jahr 1145 existierte eine erste romanische Klosterkirche. Gut hundert Jahre später wurde der Grundstein zur heutigen, hochgotischen Klosterkirche, dem „Altenberger Dom" gelegt (1259), dessen Fertigstellung mit der Schlussweihe im Jahre 1379 erfolgte **(Bergische Höhen, Bd. 3, Siebengebirge, Bd. 7)**.

Nach einer Regel des im 11. Jahrhundert in Frankreich gegründeten Zisterzienserordens durfte die Ansiedlung neuer Klöster nicht in bestehenden Siedlungen geschehen, und die Mönche hatten am neuen Ort von ihrer Hände Arbeit, von Ackerbau und Viehzucht zu leben. Diese Selbstversorgung setzte Wirtschaftsbauten, Werk- und Gewerbestätten und Mühlen voraus, die wie die Gärten innerhalb der Klostermauern lagen. Und wie in allen Zisterzienserklöstern spielt auch in Altenberg das Wasser eine wichtige Rolle als Trink- und Brauchwasser, zum Antrieb der Wassermühlen, zur Speisung von Fischteichen und zur Wiesenbewässerung. Die Lage im Tal ist deshalb typisch für Zisterzienserklöster. Innerhalb der Klostermauer liegen die Bauten der Klosteranlage, in denen sich nur die Mönche aufhalten durften und die von den öffentlichen und Wirtschaftsbereichen zu unterscheiden sind, in denen Laienbrüder (sogenannte Konversen) tätig waren.

Der Altenberger Dom des ehemaligen Zisterzienserklosters dominiert diesen Abschnitt des Tals.

Die politisch erzwungene Auflösung der Abtei Altenberg infolge der Säkularisierung erfolgte im Jahre 1803. Damit gingen alle Abteigebäude und -besitzungen in das Eigentum des Landesherrn über und standen zum Verkauf. In Altenberg ist also seit gut zweihundert Jahren kein Kloster mehr angesiedelt. Der Dom wurde als „Steinbruch" geplündert und die anderen großen Gebäude durch Industrie- und Gewerbeunternehmen genutzt. So wurde die Markuskapelle zum Trockenhaus einer Tuchfabrik, der Schlafsaal der Mönche eine chemische Fabrik. Dort entstand im Jahre 1815 ein Großfeuer, das zahlreiche Gebäude zerstörte und den Dom stark beschädigte. Ein rascher Verfall setzte ein. Nach erstem Wiederaufbau (1835–1847) und der Bestimmung zum Simultangebrauch der katholischen und evangelischen Kirchengemeinden (1857) regte die Papierfabrikantin Maria Zanders aus Bergisch Gladbach die Gründung des Altenberger Dom-Vereins an (1894). Dieser ermöglichte

Das Barockportal markiert den Haupteingang des ehemaligen Klosterbereichs.
Kenntnisreich und liebevoll wird ein Kräutergarten gemäß klösterlicher Tradition gepflegt.

mit umfangreichen Spendengeldern die Erneuerung der Kirche. Der preußische Staat übernahm 1893 als Eigentümer die Verantwortung für die Kirche, die schließlich im Jahre 1945 auf das Land Nordrhein-Westfalen überging.

Klostergebäude im Wandel

Vom mittelalterlichen Klostergebäude mit Schlafsaal und Kreuzgang zur Rechten des Doms blieb lediglich eine Wand erhalten, die in einen modernen Bau einbezogen wurde. Ein barockes Kellereigebäude bildet den westlichen Abschluss eines heute vergrößerten Hofs, in den auch das stark veränderte Prioratsgebäude (1776) und der neugotische Ziegelbau der erzbischöflichen Villa (1863) integriert sind. Der Zugang zum Innenhof führt durch den Dom-Laden. Am Ufer der Dhünn erstrecken sich die ehemaligen Wirtschaftsbauten des Klosters, das Alte Brauhaus (1715) mit der Gaststätte und das Gebäude des heutigen Hotel-Restaurants „Altenberger Hof" (1752). Die Klosterpforte verbindet beide Flügel. Die nördlich anschließende Markuskapelle (1222) wurde im 18. Jahrhundert baulich in die Meierei (den Küchenhof) einbezogen. Ein landwirtschaftlicher Betrieb auf dem Klostergelände war wohl von Anfang an vorhanden und versorgte die Klosterküche mit Lebensmitteln. Dazu gehörten Wiesen und Gärten innerhalb des Abteigeländes sowie weitere Ländereien außerhalb. Der vierflügelige Küchenhof wurde vor knapp dreißig Jahren von einer Bürgerinitiative, dem Aktionskreis Altenberg, erworben. Heute präsentiert sich die gut restaurierte Anlage mit Geschäften, Versammlungs- und Veranstaltungsräumen und einer Werkstatt-Galerie. Die Gaststätte „Küchenhof" im ehemaligen Wohnhaus nutzt den stimmungsvollen Innenhof als Biergarten. Sehenswert sind auch das benachbarte Ausstellungsgebäude „Lapidarium" zur zisterziensischen

Der Küchenhof verdankt seine Erhaltung und Restaurierung einer Bürgerinitiative – ein Café-Restaurant und kleine Läden nutzen die Gebäude.

Baukunst und der Kräutergarten am Ufer der Dhünn. Nach einer Besichtigung des Doms führt der Rundweg durch die barocke Klosterpforte gegenüber dem Domportal und über die Dhünnbrücke hinaus aus dem engeren Klosterbereich. Sie wenden sich nach rechts, vorbei am früheren Ausflugslokal „Felsenkeller“. Bald ist links ein ehemaliger Steinbruch zu entdecken: Die Steine für die Klostermauer und wohl auch für weitere Bauten stammten aus der direkten Umgebung.

Märchenhafte Szenen im Wald

Der Märchenwald ist seit den 1930er-Jahren der zweite Besuchermagnet in Altenberg. In kleinen Häuschen sind Szenen aus den Märchen der Gebrüder Grimm dargestellt. Auf Knopfdruck oder Zuruf bewegen sich die Figuren, sprechen oder singen. Über die Dhünnbrücke geht es an der Dhünn entlang zurück. Bald wird eine kanalartige Vertiefung zwischen zwei Bäumen sichtbar und ganz nahe am Ufer ist ein Fundament zu entdecken, um dessen Sandsteinquader sich bereits Baumwurzeln gewunden haben. Hier befand sich das Wehr eines Stauteichs, das die Wasserzufuhr ins Kloster regulierte. Hinter dem Parkplatzkiosk ist das Klostergelände wieder erreicht. Sie gehen innen die Klostermauer entlang, die wohl schon im Mittelalter existierte und im 16. Jahrhundert ausgebaut wurde, und folgen dem „Theodor-Heuß-Päddche“ vom Malerwinkel bis zur Fußgängerunterführung auf der Ostseite des Doms. Auf der Anhöhe laden Bänke zur Rast und Sie können den Blick auf den Dom und über das Tal genießen.

Fisch statt Fleisch für die Mönche

Durch die bald folgende Straßenunterführung auf der linken Seite gelangt man ins Pfengstbachtal und geht bei der ersten Möglichkeit rechts,

Der Altenberger Märchenwald ist von jeher ein Besuchermagnet für Groß und Klein.

dann links dem Bachlauf entgegen, sodass die Teiche linker Hand liegen. Hier haben die Zisterzienser sieben Fischteiche angelegt, von denen vier erhalten sind. Da die Mönche gemäß den Ordensregeln kaum Fleisch essen durften, spielte die Fischzucht eine wichtige Rolle. Ein Lehrpfad im Pfengstbachtal weist mit Schrifttafeln auf weitere kulturlandschaftliche Besonderheiten wie Bergbau, Steinbruch, Mühlenstandort, Hohlwege und Vegetation hin. Hier stößt man auch auf einen gut erhaltenen Abschnitt des zisterziensischen Grenzwalls, der Teile des Klosterbesitzes umgab, sofern die Besitzgrenzen nicht von Bächen gebildet wurden. Nach einem Rundweg durch das Tal, über den Pfengstbach hinweg und am anderen Ufer entlang zurück, folgen Sie der Umgehungsstraße ein kurzes Stück nach links und wählen den ersten Weg links in den Wald. Neben einem rekonstruierten Abschnitt der Klostermauer sind tief in den Hang eingeschnittene Hohlwege zu entdecken.

Burg Berge – Stammburg der Grafen von Berg

Auf dem bequemen Waldweg erreichen Sie rechts der scharfen Kurve das Bodendenkmal Burg Berge, das heute als ebenes Plateau mit einigen aufragenden Wällen zu erleben ist. Hier lag seit etwa 1060 strategisch günstig die Stammburg der Grafen von Berg. Durch die politische Hinwendung zu Köln im Jahre 1115 verlor die Burg jedoch an Bedeutung. Die Grafen von Berg errichteten ihre „Neue Burg“ an der Wupper, heute als „Schloss Burg“ bekannt (siehe S. 102). An der Burg oberhalb der Dhünn lebten ab 1133 die Mönche, die das Zisterzienserkloster Altenberg gründeten, bevor sie in die neu erbauten Klosteranlagen im Tal umzogen. Ihre Ansiedlung in der ehemaligen Burg war eine kurze, aber wichtige Übergangsphase, denn gemäß den Ordensvorschriften sollten Oratorium, Refektorium, Dormitorium, Gästehaus und Pförtner-

Überreste der hohen Bruchsteinmauer, die das Klostergelände einst umschloss

Die Fischteiche im Pfengstbachtal waren für die Versorgung der Mönche sehr wichtig.

zelle vor dem Einzug der Mönche fertig sein, damit das klösterliche Leben direkt und ungestört aufgenommen werden konnte.

Die Strecke verläuft nun eine Weile parallel zur Dhünn und streift einen Wildpark, in dem Mufflons, Wildschweine sowie Dam- und Rehwild leben. Prinz Hubertus zu Sayn-Wittgenstein-Berleburg auf Schloss Strauweiler ist Eigentümer des Waldes. Dieser mittelalterliche Rittersitz wird sichtbar am südlichsten Punkt der Wanderung, nachdem die Dhünn wieder überquert ist (Wanderweg A1 nach rechts). Hier bietet sich auch ein Blick auf den Menrather Hof, der – wie rund neunzig weitere Bauernhöfe im Rheinland und am Mittelrhein im Laufe der Zeit – zum Kloster Altenberg gehörte. Auf der Landstraße wenden Sie sich nach rechts, überqueren nach rund hundert Metern dem Wanderweg

A1 folgend die Straße, gehen auf den Hang zu und dann rechts. Hier weist das Muschelsymbol des Jakobspilgerwegs den Weg, gelb auf blauem Grund. Die verkehrsgünstige Lage des Rheinlands ermöglichte schon früh eine Teilnahme am Pilger- und Kultgeschehen um den heiligen Jakobus, dessen Grab im nordspanischen Santiago de Compostela seit dem 10. Jahrhundert verehrt wird. Auch das Kloster Altenberg war mit bedeutenden Reliquien und regelmäßigen Heiligenfahrten eine Station der Jakobspilger. Der Pfad verläuft an einem Sportplatz und dem Restaurant „Alte Post" vorbei, dann ist in wenigen Minuten der Ausgangspunkt am Dom wieder erreicht.

Frühlingsblüher im Helenental
Grüne Allee im Dhünntal beim Menrather Hof

Der Flusslauf der Dhünn im Frühjahr: dynamisch, wild und energisch

Spuren im stillen Helenental

Spuren der Geschichte entdecken können Sie in den zauberhaften, ruhigen Tälern des Eifgenbachs und der Dhünn (Weglänge: dreizehn Kilometer; ab Altenberg: sechzehn Kilometer). Start und Ziel des kürzeren Wegs ist der Wanderparkplatz Schöllerhof in Odenthal-Altenberg: Überqueren Sie am Schöllerhof die Straße, folgen Sie nach rechts zweihundert Meter lang der Landstraße L 101 und biegen Sie links in den Wirtschaftsweg ein. Sie überqueren die Brücke, gehen rechts bachaufwärts und folgen dem Wanderweg Raute 8. (Für die längere Wanderung beginnen Sie am Altenberger Dom: Gehen Sie dem Hauptportal des Doms gegenüber durch das Tor, über die Brücke, dann nach rechts, am Märchenwald vorbei und weiter, bis Sie nach eineinhalb Kilometern eine Fußgängerbrücke erreichen. Steigen Sie dort in die Tour ein und gehen Sie bachaufwärts, im Weiteren der Raute 8 folgend.)
Nach eineinhalb Kilometern wird der Ringwall Eifgenburg erreicht, der durch einen kurzen, steilen Aufstieg erklommen werden kann. Er ist einer von rund fünfzig vorgeschichtlichen Abschnittsbefestigungen im Bergischen Land, die an erhöhter Stelle mittels Wällen und Gräben Verteidigungsplätze oder Versammlungsorte bildeten. Die Eifgenburg stammt wohl aus dem 9. oder 10. Jahrhundert und steht möglicherweise in Zusammenhang mit der hiesigen Eisenerzverarbeitung. In der Anlage wurden mittelalterliche Tonscherben gefunden, doch das meiste ihrer Geschichte liegt noch im Dunkeln. Die Ringmauer ist über die gesamte Länge von zweihundertzwanzig Metern zu erkennen.

Alte Eisenhämmer im Naturschutzgebiet

Zurück auf dem Wanderweg werden bald die Überreste alter Eisen-

Holzkohle, Schwefel und Salpeter werden zu Schwarzpulver

Für die Pulverproduktion wurden drei verschiedene Rohstoffe benötigt. Die Holzkohle (15 Prozent) wurde in der Nähe der Pulvermühlen von Köhlern hergestellt. Der heimische Faulbaum, das „Pulverholz", eignete sich vor allem für das feinkörnigere Schießpulver. Für Sprengpulver wurde auch Erlen- oder Buchenholz verkohlt. Schwefel (10 Prozent) wurde auf unterschiedliche Weise im Bergbau und chemisch gewonnen. Den größten Anteil stellte Salpeter (75 Prozent), der zunächst aus Indien und ab Mitte des 19. Jahrhunderts aus Chile importiert wurde.

hämmer im Gelände sichtbar. Im Jahre 1730 wurde unterhalb der Eifgenburg ein Reckhammer zur Eisenverarbeitung angelegt. Ein Obergraben versorgt den alten Hammerteich – heute ein Fischteich – mit Wasser, und der parallel zum Eifgenbach verlaufende Untergraben führte dieses wieder ab. Wenig oberhalb finden sich in der Talaue Fundamente und schwarze Schlackenreste sowie der kurze Obergraben mit Teich und Damm des alten Bökershammers. Hier wurde bereits ab 1621 die Wasserkraft gewerblich genutzt, zunächst für Pulvermühlen. Das Hammerwerk wurde 1664 genehmigt. Nach dem Erwerb durch Clemens Böcker (1709) wurde die Anlage 1730 um den Reckhammer unterhalb der Eifgenburg erweitert. Die benötigte Holzkohle stammte aus den umliegenden Wäldern: Zu beiden Seiten des Eifgenbachs und der Dhünn lagen zahlreiche Köhlerstellen, teilweise schon im Mittelalter. Hier trifft auch der „Hammerweg" von links ins Eifgenbachtal, der Hohlweg zweigt von der alten Handelsstraße auf der Höhe (B 51) ab. Der großen wirtschaftlichen Bedeutung des Hammers im 18. Jahrhundert folgte im 19. Jahrhundert der Niedergang.

Aus dem Tal über die Höhe zu „Maria in der Aue"

Die Windungen des kleinen Bachs in einem malerischen, siedlungsfreien Tal begleitet auch der Weg. Rund achthundert Meter nach der dritten Bachüberquerung führt Sie der Wanderweg A3 auf die Höhe nach Limmringhausen. Hier überqueren Sie die Landstraße und folgen dem Schild „Haus Maria in der Aue". Zwischen Äckern und Weiden geht es auf einem schmalen, asphaltierten Weg wieder bergab, durch eine steinerne Pforte zum ehemaligen Besitz der Familie Haniel und vorbei am Steinhauser Hof aus dem 13. Jahrhundert, der zur Abtei Altenberg gehörte. Das repräsentative Tagungshaus „Maria in der Aue"

Das ehemalige Wohnhaus des Pulvermühlenbesitzers in Aue ist heute schön herausgeputzt.

Der Faulbaum – das „Pulverholz"

Der Faulbaum lieferte ideales Holz für die Verkohlung zur Holzkohle, die fein vermahlen bei der Schießpulverproduktion verwendet wurde. Der Baum liebt feuchte Standorte in Auenwäldern und soll im oberen Dhünntal für die Pulverproduktion sogar verstärkt angepflanzt worden sein. Häufig wurden Stöcke von Kindern gesammelt, von der Rinde befreit und an die Pulvermühlen verkauft, um das Familieneinkommen zu erhöhen. Der schnellwüchsige Faulbaum ist spärlich verzweigt und wird drei bis sieben Meter hoch. Durch die zunehmende Trockenlegung feuchter Auenbereiche ist er heute selten geworden.

wurde 1927 als Landsitz des Industriellen Haniel errichtet. Hoch über dem Dhünntal ist das Café mit Sonnenterasse und Ausblick nachmittags geöffnet. Weiter geht es hinab, über die Brücke und nach rechts dhünnabwärts (Weg N beziehungsweise 8).

Pulvermühlen im Helenental

Die Pulvermühlen im Dhünntal haben zahlreiche Relikte hinterlassen, die es zu entdecken gilt. Wohl erst im 19. Jahrhundert begann hier der Bau mehrerer solcher Mühlen, die rasch erweitert wurden und von großer wirtschaftlicher Bedeutung waren. Um das Jahr 1900 bestand die Anlage im Helenental aus vierundzwanzig Gebäuden, die Anlage in Aue aus zwölf. Mit vierundzwanzig Arbeitern wurden jährlich hundertdreißig Tonnen Sprengpulver hergestellt.

Nach dem Ersten Weltkrieg mussten jedoch gemäß dem Versailler Vertrag die zur Pulverherstellung dienenden Gebäude zerstört werden, allenfalls Wohngebäude und Werkstätten blieben erhalten. In vielen siedlungsleeren Tälern können heute nur noch Relikte der wasserbaulichen Anlagen und von Vegetation überwucherte Mauerreste, Fundamente und Erdwälle die bedeutende bergische Pulverindustrie bezeugen – wie im Helenental, wo der Obergraben den Wanderweg begleitet. Weitere Wehre und Wassergräben sind erkennbar. Wälle im Gelände schützten einst die Produktionsgebäude, deren Fundamente teils noch zu sehen sind. In Aue finden sich Gebäudereste, wie ein kleines Pulvermagazin und die zum Wohnhaus umgebaute Rauchstube nebst Werkstatt. Im Fachwerkhaus an der Wegbiegung hin zum Schöllerhof wohnte einst der Besitzer der Pulvermühle. Von Aue aus folgen Sie dem Fahrweg bis zum Schöllerhof, wo die ehemalige Pulverversandstation schön restauriert wurde.

Immer wieder zu entdecken: Mauer- und Fundamentreste des Pulvergewerbes in der Aue des Helenentals

Pulvermühlen

Ausgedehnte Betriebsanlagen weitab von Dörfern
Größere Pulvermühlen bestanden aus weitläufigen Produktionsanlagen mit bis zu einem Dutzend unterschiedlicher Funktionsgebäude. Meist in entlegenen Tälern wurden die Produktionsgebäude mit Sicherheitsabstand zueinander gestaffelt oder versetzt errichtet. Sie waren an drei Seiten mit Schutzwällen aus Erde umgeben, damit sich die zerstörerische Kraft bei einer Explosion durch die von jeglicher Bebauung frei gehaltene Seite entladen konnte. Die Gebäude entstanden in Leichtbauweise, sodass nur je zwei oder drei Seiten aus festen Steinmauern bestanden und der Rest aus Fachwerk, damit sich die Druckwelle einer Explosion leicht den Weg bahnen konnte. Denn bei aller Vorsicht gab es immer wieder Unfälle, und oft fanden dabei gleich mehrere Arbeiter den Tod. Die Sicherheitsvorschriften waren streng einzuhalten: Um die gefährliche Funkenbildung zu vermeiden, trugen die Arbeiter Filzschuhe und Arbeitskleidung ohne Metallknöpfe, auch Maschinenteile und Werkzeuge aus Eisen waren

Besucher lassen sich die Überreste einer Pulvermühle erklären.

unzulässig und das Rauchen ausschließlich in der abgelegenen Rauchstube gestattet.
Der Produktionsprozess gliederte sich in mehrere Arbeitsgänge, die alle mit Wasserkraft bewältigt wurden. Zunächst wurde im Mengwerk feuchter Holzkohlebrei mittels wassergetriebener Stampfen mit dem angefeuchteten Salpeter und Schwefel vermischt, dann wurde diese Masse im Kollergang des Läuferwerks zu Fladen gepresst. Je besser die Verdichtung gelang, desto höher war die Explosivkraft des Pulvers. Das Stampfwerk zerkleinerte die Fladen zu Pulver, das im Siebwerk nach unterschiedlichen Körnungen sortiert wurde. War das Pulver im Trockenhaus „pulvertrocken“, konnte es im Polierwerk unter Zugabe von Graphit, das die statische Aufladung und damit die Explosionsgefahr minderte und die Rieselfähigkeit verbesserte, poliert werden. Die Verpackung in Leinensäcke erfolgte im Packhaus; die Tagesproduktion wurde in einem separaten Magazin gelagert. Der Mühlenmeister besaß eine eigene Werkstatt und ein Büro. Weitere Gebäude umfassten die Kistenmacherei und Fassbinderei, wo Holzbehälter für den Transport des Pulvers hergestellt wurden, sowie die Magazine der Rohstoffe im Wald. In angemessenem Abstand waren die Holzkohlenmeiler angesiedelt. Im Gegensatz zu anderen Mühlen wohnten die Pulverarbeiter aus Sicherheitsgründen mit ihren Familien nicht an der Arbeitsstätte, sondern in den umliegenden Dörfern. Zu guter Letzt war auch der Pulvertransport eine gefährliche Angelegenheit. In Leinensäcken zu je einem Zentner wurde das Pulver in einzelne Kisten oder Fässer gepackt, und bis zu hundert Zentner wurden dann in geschlossenen, mit kräftigen Pferden bespannten Planwagen transportiert. Die Wagen wurden mit der weithin sichtbaren „Pulverfahne“ aus schwarzem Tuch mit weißem „P“ gekennzeichnet und in Ortschaften immer von einem Gendarmen begleitet.

Weitere Fundamente und Schutzwälle sind im Wald zu entdecken.

Eifgenbach – wichtigster Helfer der Dhünn

Oberhalb von Altenberg mündet der Eifgenbach in die Dhünn und hilft ihr entscheidend dabei, gut gefüllt Richtung Rhein zu strömen, nachdem im Oberlauf die Talsperre das Wasser zurückhält. Der Eifgenbach ist etwa zwanzig Kilometer lang und – eine Seltenheit im Bergischen Land – nicht besiedelt, wenn man von einzelnen Mühlen und früheren Hämmern absieht. Auch die Stadt Wermelskirchen liegt nicht unmittelbar am Eifgenbach, hat das malerische Tal aber stets als Schwerpunkt von Naherholung und Freizeitaktivitäten geschätzt. Das frühere Freibad Eifgen ist inzwischen geschlossen, erhalten ist jedoch das traditionsreiche Restaurant unweit der alleegesäumten Landstraße nach Habenichts.

Aus Mühlen wurden Gasthäuser

Talabwärts liegen heute noch mehrere ehemalige Mühlen. Die Neuemühle an der Straße von Dabringhausen über Emminghausen nach Wermelskirchen bezeichnet sich heute als „Kartoffelhaus" und ist ein Restaurant. Die Mühle aus dem 19. Jahrhundert war einst eine Kornmühle mit Bäckerei; ihr Wasserrad ist restauriert und zu besichtigen. Die nächste Mühle eifgenabwärts ist die Rausmühle, die Sie von der B 51 Burscheid–Wermelskirchen aus erreichen. Ihre Grundmauern gehen bis in das Jahr 1500 zurück; in der Mühle wurde Getreide gemahlen und auch hier war eine Bäckerei angeschlossen. Seit 1960 ist die Rausmühle eine Gaststätte und besonders für Wanderer, die das enge, verschlungene Eifgenbachtal hinaufgehen, ein beliebtes Ziel. Noch weiter talabwärts, an der Straße von Dabringhausen nach Hilgen, liegt die ehemalige Markusmühle. Sie wurde im 15. Jahrhundert errichtet und war

Im gleißenden Sonnenlicht zieht der Eifgenbach dahin.

lange Zeit ein gern angesteuertes Ausflugslokal, das in den 1980er-Jahre bis auf die Grundmauern niederbrannte und nicht wieder aufgebaut wurde. Heute befindet sich dort eine Fischzuchtanlage mit etlichen Teichen.

Der Eifgenbach – ein lebendiges, naturbelassenes Gewässer

Die Abgeschiedenheit des Tals und seine weitgehende Unberührtheit, verknüpft mit der landschaftlichen Schönheit, haben dazu geführt, dass das Eifgenbachtal von den obersten Naturschutzbehörden in das europäische Naturerbe „Natura 2000" aufgenommen wurde. Der typisch bergische Mittelgebirgsbach mit seinen zahlreichen kleinen Zuläufen, die man „Siefen" nennt, unterliegt damit ebenso wie die Dhünn der europäischen Flora-Fauna-Habitat-Richtlinie (FFH) und genießt absoluten

Die Berger Mühle: Die Mühlen am Eifgenbach waren meist von Bäckern betriebene Kornmühlen.
Das Eifgenbachtal ist eines der unberührtesten Täler im Bergischen Land.

Heinrich Plönes: Die Dhünn erzählt

„Dafür dringt jetzt wieder das Murmeln eines sich nähernden Baches an mein Ohr. Ihr nennt ihn den Eifgen, während eure Vorfahren ihn nach den Elfen benannten, die in seinen Schluchten besonders zahlreich waren. Er ist stolz auf sein schönes, zwischen lauter Wäldern gebettetes Tal und weiß dessen Anmut so eindringlich zu preisen, dass ich Mühe habe, mit den Schilderungen meines eigenen Weges hinter ihm nicht zurückzubleiben. Wir sehen einander sehr ähnlich, und an Kräften sind wir sogar ziemlich gleichwertig, weshalb es mich wundert, dass er mir ohne Widerspruch den Vorrang lässt und sogar mit merklicher Wonne sein Wasser in mich verströmt. Dabei beglücken uns beide die köstlichsten Gefühle, und deshalb erfreuen wir uns auch der Schönheit des Fleckchens, an dem wir uns für immer vereinigen, mit besonderer Innigkeit. Hier sind wir beschattet von geschmeidigen Eschen, ragenden Buchen und breitästigen Eichen."

Naturschutz. Die Nebenflüsse des Rheins bis in die Quellgebiete haben für Wanderfische eine hohe Bedeutung. Lachs und Meerforelle kommen aus der Nordsee über den Rhein zum Laichen zunehmend zurück in ihre „Kinderstube". Der Erfolg der jahrelangen Bemühungen des Landes Nordrhein-Westfalen, zum Beispiel Lachse im Rahmen des Programms „Lachs 2000" wieder in den Mittelgebirgsgewässern zu wissen, hängt jedoch entscheidend davon ab, dass die Bachläufe naturbelassen sind und die Fische nicht auf Hindernisse treffen (Wehre oder Teiche). Beides gilt inzwischen für die Dhünn und den Eifgenbach: Bei Odenthal-Osenau wurde an der Dhünn ein Wehr geschleift und im Eifgenbachtal die sogenannte Burscheider Talsperre, die einst als Stauwerk errichtet wurde, um die Stadt Burscheid mit Trinkwasser zu versorgen. Inzwischen ist der Lachs in der Dhünn wieder nachgewiesen.

Auch andere Tierarten haben hier ihren Lebensraum wieder gefunden. In den 1970er-Jahren begannen Naturschützer damit, der Wasseramsel und der Gebirgsstelze, zwei Vogelarten, die ebenso wie der Eisvogel wasserreiche, naturbelassene Fließgewässer lieben, Nisthilfen zu schaffen. Unter nahezu allen Brücken an Dhünn und Eifgenbach wurden Nistkästen angebracht – und dies mit großem Erfolg: Wasseramsel und Gebirgsstelze werden Wanderer in beiden Tälern beobachten können, ebenso den Eisvogel, der allerdings etwas scheuer ist.

Wo sich Dhünn und Eifgenbach „für immer vereinigen"
Die Gebirgsstelze (Mitte) und die Wasseramsel (unten) sind hier wieder heimisch.

Bergisches Wasserwerk: Die Dhünntalsperre

Wer versucht, die Ausmaße der Großen Dhünntalsperre zu erkennen, und daran scheitert, kann beruhigt sein: Die Talsperre trägt ihren Namen zu Recht, sie ist wirklich groß. Schließlich ist sie die zweitgrößte Talsperre Deutschlands. Selbst aus der Vogelperspektive ist sie kaum zu überschauen; da muss schon ein Satellitenfoto hinzugenommen werden. Die Große Dhünntalsperre ist ein beeindruckender Baukörper, der sich heute, fast dreißig Jahre, nachdem die massige, das Tal abriegelnde Sperrmauer stand und das beständig einfließende Wasser zu stauen begann, als grüner Wall in die Landschaft einfügt. Ihren Namen erhielt die Talsperre dennoch nicht aufgrund ihrer gigantischen, in allen Umrissen nur schwerlich erfassbaren Größe – vielmehr sind die Namensgeber die beiden Zuflüsse aus dem Hückeswagener und Wipperfürther Hinterland, die Kleine und die Große Dhünn. Nachdem die beiden Bäche den gewaltigen Talsperrenkörper gespeist und durchflossen haben, sind sie vereint und heißen von nun an bis zur Mündung in die Wupper und wenig später in den Rhein schlicht „Dhünn“. Ende der 1970er-Jahre sah es im Dhünntal noch ganz anders aus: Das einst malerische, recht abgeschiedene, landwirtschaftlich geprägte und gern bewanderte Tal war zu einer Großbaustelle geworden und glich

Deutschlands zweitgrößte Talsperre: die Große Dhünntalsperre, das „Wasserwerk der Region“

Auch im Winter vermittelt diese Talsperre reizvolle Landschaftseindrücke.

einer Mondlandschaft. Die zweiundzwanzig Weiler wie Doktorsdhünn, Kesselsdhünn, Schirpensdhünn oder die Plätzmühle gab es nicht mehr – sie waren allesamt abgebrochen worden. Kein Gebäude wurde geflutet, der Wupperverband als Bauherr räumte vielmehr den Talgrund und die Hangflächen komplett, um im späteren Trinkwasser auch nicht den Hauch unnötiger Verunreinigung feststellen zu müssen. Insofern kann niemand darauf hoffen, bei niedrigem Wasserstand Dachflächen oder gar Kirchturmspitzen aus dem Wasser ragen zu sehen.

Der Vorläufer

Die „alte" Dhünntalsperre unterhalb von Neumühle, heute die Vorsperre Große Dhünn, war bereits in den 1960er-Jahren als Trinkwassertalsperre in Betrieb genommen worden. Als sich im Laufe der Jahrzehnte herausstellte, dass der Wasserverbrauch durch Bevölkerungszuwachs, größere Anforderungen an Hygiene und eine Modernisierung der Badezimmer erheblich ansteigen würde, entschloss sich der Wupperverband, das Tal zwischen Neumühle und Loosenau komplett zu fluten – als Große Dhünntalsperre. Chefingenieur August Sondermann berichtete später stolz, dass der massige Damm in großen Teilen ein „Naturdamm" ist. In der Tat: Am Talhang der Sperrmauer wachsen Sträu-

Die Vorsperre unterhalb von Kürten war der Vorläufer der heutigen Großen Dhünntalsperre.
Der Bau der Dhünntalsperre (1979) – der Trichter (unten) des Entnahmeturms dient als Überlauf.

cher. Der Grund: Der innere Betonkern ist breit ummantelt und nach oben immer weiter zulaufend mit Stein- und Schottermaterial aufgeschichtet und verdichtet worden, das während des Talsperrenbaus im heutigen Stauraum anfiel. Während die anderen bergischen Talsperrenmauern in aller Regel aus reinem Bruchstein bestehen – die über hundertjährigen nach Plänen des renommierten Aachener Wasserbauingenieurs Otto Intze –, stellt sich der Staudamm der Großen Dhünn wie ein gewaltiger grüner Riegel mitten im Tal dar.
Achtzig Millionen Kubikmeter Wasser haben hinter der Staumauer Platz. Gut die Hälfte davon strömt nach entsprechender Aufbereitung im Wasserwerk Schürholz bei Dabringhausen in die meisten Haushalte im Bergischen Land: ins Bergische Städtedreieck Wuppertal, Solingen und Remscheid, ins nahe Wermelskirchen und Odenthal, aber auch nach Leverkusen. Im Notfall soll aus der Dhünn auch Düsseldorf versorgt werden.

Hilfe aus der Sülz

Die Planer beim Wupperverband waren sich der Tatsache bewusst, dass trotz allen Fleißes der beiden Dhünnzuläufe sich die Talsperre damit allein nicht füllen würde. Die rund fünf Kilometer entfernte Sülz muss helfen. Wenn sie Hochwasser führt, besser gesagt, mehr als 435 Liter Wasser pro Sekunde talwärts befördert, wird jeder dieses Maß übersteigende Liter abgezapft. Durch einen gewaltigen Tunnel, der unterhalb von Junkermühle im Sülztal in der Gemeinde Kürten quer durch das Gebirge getrieben wurde, rauscht das benötigte Wasser hinüber zur Dhünn. Eine technische Meisterleistung, die sich in Karten schlicht als „Sülzüberleitung“ abbildet und somit den Eindruck erweckt, als sei da seinerzeit ein etwas dickeres Rohr gelegt worden. Mitnichten: Durch

^ *Die Loosenau, einst Pulvermühle, Gasthaus und Jugendherberge, ist heute der Wohnsitz des Försters des Wupperverbands, direkt unter der Sperrmauer der Großen Dhünntalsperre.*

den innen komplett mit Beton ausgekleideten Tunnel kann bequem ein Lastzug fahren; der Querschnitt spiegelt eindrucksvoll die Dimension der Tunnelvortriebsmaschine wider, die bis Anfang der 1980er-Jahre ihren Dienst im Bergrücken versah.

Naturschutzgebiet Dhünntalsperre

An vielen Zuläufen zur Talsperre sind Vorbecken entstanden, sogenannte ökologische Ausgleichsbecken, die mit ihren kleineren Wasserflächen und sumpfigen Randbereichen ideale Laichmöglichkeiten für Amphibien darstellen. Aufgrund der schwankenden Wasserstände haben sich hier seltenere Pflanzenarten angesiedelt – sie können überleben, solange die Flächen um die Becken einmal im Jahr gemäht werden. Würden diese Arbeiten nicht vorgenommen, entstünde in kürzester Zeit Wald, die Pflanzen hätten keinen Lebensraum mehr, und damit wäre auch die Insektenwelt erheblich eingeschränkt.

Die Große Dhünntalsperre als Trinkwassertalsperre unterliegt einem erhöhten Schutz. Neben den gestaffelten Wasserschutzzonen schmiegt sich um den Wasserkörper selbst ein unterschiedlich breiter Schutzstreifen, der als Naturschutzgebiet ausgewiesen ist. Durch diesen doppelten Schutz hat sich rund um die Talsperre – aber auch weit hinein in die zufließenden tief eingeschnittenen Siefen und Bäche – wegen der Ruhe und Abgeschiedenheit eine vielfältige Tierwelt eingestellt. Insbesondere Zugvögel haben die Dhünn als Lebens- und Rastraum entdeckt und lassen sich hier zweimal im Jahr nieder. Dazu gehört auch manchmal der in unseren Breiten seltene Fischadler, der früher Jahr für Jahr an der Grube Hornpottweg an der Stadtgrenze von Köln und Leverkusen auftauchte. Insekten, vor allem Libellen, wissen die Vorbecken mit ihren wechselfeuchten, weil vom Wasserstand abhängigen

Aus dem Entnahmeturm wird das Rohwasser ins Wasserwerk Schürholz bei Dabringhausen gepumpt, wenn der Wasserspiegel in der Talsperre zu sehr steigt.

Uferbereichen zu schätzen. In den angrenzenden Wäldern tummelt sich viel Wild, darunter mit steigender Tendenz auch Schwarzwild. Die überaus intelligenten Wildschweine vermehren sich rasch und wittern nicht minder schnell, an welchen Stellen ihnen die Häscher auflauern; diese Bereiche meiden sie fortan, sodass sich das Verhältnis zwischen Bestand und Abschuss nicht nennenswert ändert – zumal die Tiere auf den vielen Maisäckern, die das Bergische Land inzwischen überziehen, ideale Deckung finden. Wanderer und Spaziergänge werden die Wühlspuren am Wegesrand schnell erkennen.

Wandermöglichkeiten

Der Trinkwasserschutz verlangt, dass die Schutzzone nicht betreten wird. Deshalb gibt es auch keinen Rundweg um die Talsperre. Vielmehr liegt ein möglicher Rundwanderweg oberhalb des Talgrunds und gestattet an vielen Stellen durch die Bäume und Dickungen den Hang hinunter einen mehr oder weniger ausladenden Blick auf das Wasser. Mit Schneisen, wo sie natur- und landschaftsverträglich sind, mit Aussichtsplattformen und mit freigeschnittenen Panoramablicken soll dieses Natur- und Landschaftserlebnis nun verstärkt möglich werden. Aus der erhöhten Position beeindrucken die Ausmaße der Talsperre und ihre Einbettung in die waldreiche Landschaft noch erheblich mehr als direkt am Ufer, denn nur so sind sie überhaupt zu überblicken und nachzuvollziehen. Wie faszinierend der Blick auf Wasserfläche und Tal von oben sein kann, belegt ganz besonders ein Motiv: Wo die frühere Dhünntalsperre gestaut wird und sich das Dhünnwasser anschickt, weiter talabwärts gleich das Zehnfache zu stauen, weitet sich für einen Moment das Tal, wie es schöner auf einem Landschaftsbild nicht gemalt sein könnte. Über die „alte" Staumauer verläuft ein Wanderweg, der die Möglichkeit bietet, entwe-

Der Kochshof hoch über der südlichen Seite des Dhünntals: Das alte Gebäude wurde sehenswert restauriert.

der die Höhen oberhalb des Ortes Dhünn mit Blick in Richtung Wermelskirchen anzusteuern oder, das Wasser ständig im Blick, an der „alten" Talsperre entlang nach Neumühle zu wandern. Ausgangspunkt dafür sind der Wanderparkplatz Neumühle, den Sie über die Landstraße von Kürten nach Dhünn erreichen, oder der kleine Parkplatz in Kürten-Hutsherweg an der B 506 von Bergisch Gladbach nach Wipperfürth.
Nicht minder attraktiv sind die Wanderungen, die vom Wanderparkplatz oberhalb von Lindscheid (von Dabringhausen aus zu erreichen) über den neuen Parkplatz am Informationszentrum des Wupperverbands vorbei verlaufen. Der Blick hinunter ins weiter Richtung Altenberg verlaufende Dhünntal ist ein einzigartiges Natur- und Landschaftserlebnis: Wenn die Talsperre gut gefüllt ist, strömt unterhalb der Sperre wie aus einer Düse das Wasser in weißen Fontänen heraus. Zu sehen ist dort der Fachwerkgiebel der Loosenau, des alten Gebäudes, das früher einmal Standort einer Pulvermühle war, dann Gaststätte, Jugendherberge und nun Dienstsitz des beim Wupperverband angestellten Försters.

Wasser, Wald, Wildnis – drei Begriffe, mit denen das große bergische Wasserwerk und seine weitläufige Umgebung überschrieben werden können. Von welcher Seite auch immer Wanderer sich diesem Landstrich nähern, Wasser, Wald und Wildnis werden ihnen einladend begegnen.

Das ganze Ausmaß der verzweigten Talsperre ist nur aus der Vogelperspektive zu erfassen.
Winterimpressionen an der Großen Dhünntalsperre

Regionale 2010 Dhünnkorridor

Das Regionale 2010-Projekt „Dhünnkorridor" will die Vielfalt des Dhünntals zwischen der Mündung der Dhünn in die Wupper und der Staumauer der Großen Dhünntalsperre veranschaulichen und ihre Besonderheiten erlebbar machen. Zum Beispiel soll ein durchgängiger Rad- und Wanderweg gemäß einheitlichen Qualitäts- und Gestaltungsstandards mit begleitendem Informationssystem geschaffen werden – bisher sind nur einige Abschnitte des Dhünntals für die Naherholung erschlossen. Die Teilabschnitte im Dhünnkorridor stellen jeweils einen Schwerpunkt in den Vordergrund: „Deichdhünn – Dhünnallee" legt Wert auf eine naturnähere Gestaltung der eingedeichten, kanalartigen Dhünn in ihrem Unterlauf und auf den Erhalt der charakteristischen Baumreihen an der Deichpromenade. Das „Gartenreich Schlebusch – Sensenhammer" schafft eine Verbindung dreier historischer Landschaftsgärten, die repräsentative Bauten umgeben, einschließlich des Industriemuseums Freudenthaler Sensenhammer. „Ländliche Dhünn – Auenkulturlandschaft" wiederum will auf dem freien, breiten Talabschnitt zwischen Schlebusch und Odenthal dem Fluss wieder „Freiheiten" schaffen: Er soll seine ganze Dynamik zeigen und sich Raum nehmen können. „Walddhünn – Helenental" schließlich ist der Bereich, in dem Naturschutz, Pulvermühlen, Stromschnellen und steile Hänge beeindrucken und den Besuchern vermittelt werden sollen gemäß der Leitidee des Projekts Dhünnkorridor, „Natur des Wassers – Kultur der Landschaft".

Naturnähe erleben: Frühlingsblüher im Auwald entlang der Ufer der Dhünn

Regionale 2010 Dhünnhochfläche

Das Regionale 2010-Projekt „Dhünnhochfläche“ hat sich zum Ziel gesetzt, Nordrhein-Westfalens größte Trinkwassertalsperre – die Große Dhünntalsperre – und die Landschaft, die dieses „Wasserwerk der Region“ umgibt, für die Bevölkerung in höherem Maße erfahr- und erwanderbar zu machen. Dazu gehört, die wegen des Trinkwasserschutzes weitgehend eingezäunte Talsperre stärker wahrnehmen, sehen und genießen zu können. Im Vordergrund des Projekts steht die Absicht, den Waldreichtum und den abwechslungsreichen Charakter zwischen Grünland, Wald, Einzelgehöften und Weilern in vielfach noch traditioneller bergischer Bauweise rund um die Talsperre in Wert zu setzen und den Naherholung Suchenden diese Elemente einer alten Kulturlandschaft näherzubringen. Dabei gilt es, das hohe ökologische Potenzial zu wahren und mit dem Wunsch der Besucher nach dem Naturerlebnis in Einklang zu bringen. Das verbindende Element dieses reizvollen, weil von tiefen Tälern und windigen Höhen geprägten Landschaftsraums, ist die Große Dhünntalsperre. Die Neuordnung und Aufwertung vorhandener Wanderwege, ein durchgängiges Vermittlungs- und Informationssystem, Schaffung von Sichtachsen und Wanderparkplätzen, die in Form von Reisegärten ausführliche Informationen über das Gesamtgelände bereithalten, sind Teilaspekte dieses Projekts, die die anliegenden Kommunen der Talsperre umsetzen wollen.

Erinnert ein wenig an finnische Seen: verträumte Bucht an der Dhünntalsperre

Allgemeine Informationen:
www.naturarena.de
www.naturparkbergischesland.de

Altenberg
Verschönerungs- und Kulturverein Altenberg e.V.
Tel. 02174 / 74 19 20, www.vka-altenberg.de
Wildpark
Täglich 7–19 Uhr (Sommer), 8–17 Uhr (Winter), Eintritt: frei
Märchenwald
Märchenwaldweg 15, Tel. 02174 / 404 54
www.deutscher-maerchenwald.de
Täglich 9–18 Uhr

Altenberger Dom
Eugen-Heinen-Platz,
51519 Odenthal-Altenberg
Informationen:
Katholische Pfarrgemeinde
St. Mariä Himmelfahrt Altenberg
Ludwig-Wolker-Str. 4, 51519 Odenthal
Tel. 02174 / 45 33, www.altenbergerdom.de
Besichtigung: 6.30–20 Uhr, Sa, So 8–20 Uhr
Führungen: Sa 11 Uhr (außer Jan.), So, feiertags 13 und 15.30 Uhr (außer Dez.), Keine Anmeldung, Treffpunkt Domportal
Kath. Gottesdienste: So 7.00, 10.30 und 17.15 Uhr
Ev. Gottesdienste: So, feiertags 9 Uhr
Vespergottesdienst / geistliche Musik: Mai–Okt. So 14.30 Uhr
Anfahrt: A1, Ausfahrt Burscheid, rechts abbiegen nach Bergisch Gladbach-Schlebusch und bis Odenthal-Blecher fahren, links abbiegen und bis Altenberg fahren
Anreise mit ÖPNV: S-Bahn-Linie 11 von Köln-Hbf nach Bergisch Gladbach, dann Buslinie 432 bis Altenberg; oder ab Bahnhof Leverkusen-Schlebusch, Haltestelle Poststraße, Buslinie 212 nach Altenberg

Weitere Informationen zu den Projekten **Dhünnkorridor** und **Dhünnhochfläche:**
www.regionale2010.de

Große Dhünntalsperre
Informationen an der Talsperre sowie unter:
www.wupperverband.de –> Aufgaben
Anfahrt: A1, Ausfahrt Burscheid, nehmen Sie links die B51 bis Hilgen, biegen Sie rechts ab nach Dabringhausen und fahren Sie an der Kreuzung geradeaus in den Ort, dann rechts Richtung Engerfeld / Grünenbäumchen bis zur Talsperre
Parken: großer Parkplatz in Wermelskirchen-Lindscheid oberhalb der Sperrmauer

Vorsperre Große Dhünntalsperre
Anfahrt: B 506 von Bergisch Gladbach nach Wipperfürth bis Kürten-Laudenberg, biegen Sie links ab Richtung Wermelskirchen / Dhünn bis zum Talgrund
Parken: Parkplätze rechts in Neumühle
Alternativ:
Anfahrt: B 506 von Bergisch Gladbach nach Wipperfürth bis Kürten-Hutsherweg
Parken: kleiner Parkplatz in Hutsherweg, direkt an der B 506 von Bergisch Gladbach nach Wipperfürth auf der linken Seite
Von beiden Parkplätzen aus sind Rundwanderwege zur Dhünn ausgeschildert

Odenthal
Allgemeine Informationen:
Gemeindeverwaltung
Altenberger-Dom-Str. 31, 51515 Odenthal
Tel. 02202 / 71 00, www.odenthal.de

Wermelskirchen
Allgemeine Informationen:
Stadtverwaltung
Telegrafenstr. 29–33, 42929 Wermelskirchen
Tel. 02196 / 71 00, www.wermelskirchen.de

Erlebnisraum Wupper

Die Wupper – wer denkt da nicht an weite Auen und hohe Laubwälder entlang der Ufer, an gemächlich gleitende, farbenfrohe Kanuten und fröhliche Wandergruppen, an Schleifkotten, in denen die weltberühmten Solinger Klingen hergestellt wurden, und endlich auch wieder an klares, reines Wasser, an Neunauge und Eisvogel im Naturschutzgebiet. All dies und darüber hinaus so manches einladende Dorf und Städtchen am Fluss können Sie auf einer Radtour und vier Spaziergängen oder Wanderungen erkunden.

Was können Sie hier tun und erleben?

Die Radtour an der Wupper beginnt am Neuland-Park in Leverkusen am Rhein und führt zum Naturerlebniszentrum Gut Ophoven bei Opladen (achtzehn Kilometer; Start im Neuland-Park, Eingang Mitte, Nobelstraße). In Leichlingen lassen ein Ortsrundgang und eine Wanderung auf dem Obstweg Sie die Blütenstadt erkunden (zehn Kilometer; Start im Stadtpark). Ein gemütlicher Spaziergang von Diepental durchs Murbachtal zum Sinneswald eröffnet weitere Perspektiven (sechseinhalb Kilometer; Anfahrt von Leichlingen-Mitte Richtung Witzhelden, auf der L 294 rechts abbiegen, dreieinhalb Kilometer Richtung Diepental). Eine idyllische Rundwanderung zu den Schleifkotten an der Wupper beginnt am Parkplatz Solingen-Wipperaue im Bereich der Wupperbrücke bei Haus Nesselrath (zehn Kilometer; Anfahrt aus Leichlingen Richtung Nesselrath). Schließlich ist ein Ausflug zu Schloss Burg und der Müngstener Brücke der Klassiker unter den Tagesausflügen an der Wupper schlechthin. Und doch gibt es immer wieder etwas Neues zu entdecken. Nach der Erkundung der Burg können Sie gemütlich mit der Seilbahn ins Tal der Wupper hinabfahren und Unterburg erkunden. Auf bequemen Wegen führt der Spaziergang entlang der Wupper zur Müngstener Brücke, der höchsten Eisenbahnbrücke Deutschlands (zwölf Kilometer; Start an Schloss Burg; Anfahrt über die A 1, Abfahrt Schloss Burg / Wermelskirchen).

Die Müngstener Brücke überspannt die Wupper seit 1897 als höchste Eisenbahnbrücke Deutschlands.

N
0
500
m
Roderhof
Wachholder
Grün-
scheid
Weltersbach
Beginn des Obstwegs
Leichlingen
Neuland
Start
Wupper
Leichlingen
Roderbirken
Bremersheide
Johannisberg
Weltersbach
Schmerbach
Junkersholz
Stöcken
Diepental
Projektraum:
WupperWandel
Start
Talsperre Diepental
Murbachtal
Schraffen-
berg
Wietsche
Höltgestal
Murbach
Sinneswald
Wietscher Mühle
Linde
Pattscheid
Neuenkamp
B 232
Balken
Haus Vorst
Oberölbach

Wupperaufwärts vom Neuland-Park nach Opladen

Vom Eingang Mitte des Leverkusener Neuland-Parks führt die Tour zunächst entlang der Dhünn, den größeren Teil dann der Wupper folgend durch Opladen bis zum NaturGut Ophoven und schließlich nördlich der Wupper bis zur Mündung in den Rhein bei Rheindorf und am Rhein zurück zum Neuland-Park (siehe Tour „Wupper“, S. 18).

Radeln auf dem Deich

Vom Startpunkt aus geht es nach links und über die Dhünnbrücke, dahinter folgen Sie dem Flusslauf nach links. Der gut ausgebaute Rad- und Fußweg verläuft auf dem Deich, und die erhöhte Position ermöglicht einen schönen Ausblick. Zwischen den Deichen zum Schutz der Anwohner im Ortsteil Bürrig, rechts des Weges, verläuft die Dhünn seit wenigen Jahren wieder in einem naturnah gestalteten Flussbett und windet sich um Kiesbänke und Gehölzinseln. Dabei wird die Gewässerqualität verbessert, sodass heimische Fische sowie Wasser liebende Insekten und Vögel sich wieder ansiedeln. Es lohnt sich daher, auch einmal vom Rad zu steigen und eine Weile zu Fuß über den Pfad am Ufer zu schlendern. Bald ist eine Straßenkreuzung erreicht, Sie wenden sich nach rechts und sehen erstmals die Wupper. Der geradlinige Wasserlauf, dem der Radweg unter schattigen Alleebäumen nun folgt, ist allerdings ein Mühlgraben. Er verkürzt eine Wupperschleife, um die bald erreichte Reuschenberger Mühle mit Wasserenergie zu versorgen. Das große, klassizistisch gestaltete Gebäude der Reuschenberger Mühle macht einen imposanten Eindruck. Hier wurde schon vor Jahrhunderten Getreide zu Mehl und Rinde zu Lohe gemahlen sowie Öl gepresst. Die jetzige Anlage entstand ab 1839 mit dem Bau des

Auf schönen Radwegen lässt sich die Flusslandschaft genießen, wie hier an der Dhünn.

Grabensystems. Das Mühlengebäude aus dem Jahre 1847 war sowohl ein repräsentatives Wohnhaus als auch ein funktionales Industriegebäude. Heute nutzen Dienstleistungsunternehmen und Handwerksbetriebe den idyllischen Gewerbestandort. Auf dem weiteren Weg entlang des Mühlgrabens sind aufwendig gestaltete historische Brücken, Wehre und Kanalmauern zu sehen. Der vielseitigen „Mühlenregion Rheinland" ist ein weiteres Projekt der Regionale 2010 gewidmet (siehe auch den Führer zur „Mühlenregion Rheinland").

Luchs und Otter im Wildpark Reuschenberg

Wenig oberhalb der Reuschenberger Mühle, heute getrennt durch die Bahnstrecke zwischen Köln und Düsseldorf, lag früher das Rittergut Reuschenberg. Die aus dem Mittelalter stammende Burganlage verfiel jedoch im Laufe des 20. Jahrhunderts und wurde schließlich abgerissen. Lediglich die ehemalige Vorburg, die heute als Reiterhof rege genutzt wird, blieb erhalten. Dahinter führt ein Waldweg zum ausgeschilderten Wildpark Reuschenberg rechts ab. Viele in Mitteleuropa heimische Tiere wie Luchs, Wildkatze oder Fischotter sind hier aus der Nähe zu betrachten. Im Wildpark sind auf rund fünf Hektar Fläche, idyllisch im Wald gelegen, vierhundert Tiere und vierundsechzig Tierarten artgerecht untergebracht. Nach einer kurzweiligen Runde durch den

Die Reuschenberger Mühle erinnert an die bedeutende Mühlentradition des Rheinlands.
Im Wildpark Reuschenberg sind seltene einheimische Tiere aus der Nähe zu betrachten.

Wildpark geht es entlang des Mühlgrabens weiter nach Opladen. Am Waldausgang beim Tierschutzzentrum und Tierheim fahren Sie rechts bis zur Bundesstraße B 8, folgen dieser vierhundert Meter bis zur großen Ampelkreuzung und fahren dann in die schon von Weitem erkennbare Kastanienallee. Zu jeder Jahreszeit ist die malerische Allee an der Wupper ein besonderes Erlebnis und beliebtes Ausflugsziel. Im Sommer rasten farbenfroh gekleidete Wupper-Kanuten in ihrem Schatten, in der Herbstsonne sammeln Kinder die Kastanienfrüchte zum Basteln.

Geschichte in Opladen

Jenseits der Wupper liegt die Schusterinsel, auf der 1873 eine Färberei die Produktion aufnahm. Im Jahre 1980 schloss die alte Fabrik und bereits wenig später siedelten sich Firmen in dieser interessanten Lage an. An der Wupperbrücke im Verlauf der historischen Düsseldorfer Straße angelangt, bieten sich nun mehrere Optionen. Die Fußgängerzone von Opladen mit vielfältigen Geschäften, Gaststätten und Eiscafés erreichen Sie, wenn Sie der Düsseldorfer Straße siebenhundert Meter nach rechts folgen. Bevor Opladen im Jahre1975 der Stadt Leverkusen angegliedert wurde, war es die Kreisstadt des Rhein-Wupper-Kreises. Wer der Geschichte von Opladen und Leverkusen genauer auf den Grund gehen will, findet in wenigen Minuten zum Zentrum der Stadtgeschichte: Nach dem Überqueren der Wupperbrücke ist in der ersten Straße rechts das Stadtarchiv im ehemaligen Landratsamt untergebracht, Vorster Straße 11. Die benachbarte prächtige Villa Römer, das 1905 errichtete Wohnhaus des Fabrikanten Max Römer in einem englischen Landschaftspark, ist ein Domizil der Leverkusener Geschichtsvereine.

Die repräsentative Villa Römer bietet Leverkusener Geschichtsvereinen ein Domizil in der ehemaligen Kreisstadt Opladen.

Park an der Wupper und Wiembachteiche

Wer lieber die Parklandschaft an den Wiembachteichen genießt, folgt weiter dem Routenverlauf und fährt der Wupper entgegen. Liegewiesen mit Hängeweiden am Ufer, Spielplätze und zahlreiche Ruhebänke am Teich laden zu einer Pause ein. Auch diese „Rehbockanlage" steht im Fokus des Projekts der Regionale 2010 „WupperWandel". Brücken, Wege und die Treppenanlage „Himmelsleiter" verbinden den Frankenberg am Hang und die Wiembachsiedlung in der Talaue zu einem einmaligen, Identität stiftenden Raum, in dem historische Gebäude von der damaligen Bedeutung Opladens zeugen. Daher sind in den kommenden Jahren umfangreiche Sanierungen vorgesehen, um der Grünanlage einen neuen Rahmen zu geben. Hinter den Teichen rechts ab folgt die Tour dem Bach schnurgerade entlang der Wiembachallee, einer schönen Wohnstraße.

NaturGut Ophoven – Naturerlebnis mit Aha-Effekt

Am Ende der Wiembachallee geht es rechts ab, dann auf der Rennbaumstraße wieder links, Sie unterqueren die Bahntrasse und fahren die nächste Straße rechts und sofort wieder links in die Talstraße hinein, der Beschilderung folgend. Das NaturGut Ophoven ist ein vielfach ausgezeichnetes Zentrum für Umweltbildung auf einem denkmalgeschützten Gutshof, dem ehemaligen Rittergut Ophoven. Es liegt in einer frei zugänglichen, sechs Hektar großen Naturgartenanlage. In der kurzweiligen Ausstellung „EnergieStadt" kommen kleine und große Besucher der Solarenergie mit eigenen Experimenten auf die Spur. Im Garten sind Insekten zu beobachten, Blumen und Kräuter verströmen ihren Duft in der Wärme. Am Wiembach lässt es sich herrlich planschen und das BioBistro lädt zu Erfrischung und Stärkung ein.

Kanufahrten auf der Wupper sollen naturverträglich gestaltet werden.

Im weitläufigen Park von NaturGut Ophoven blühen nicht nur üppige Sonnenblumen.

Glitzerndes Wupperwasser und versteckte Dhünnmündung

Auf dem Rückweg wird zunächst der bekannte Weg bis zum Reiterhof Gut Reuschenberg zurückgefahren. Dort, noch vor der Mühle, fahren Sie nach rechts über die Brücke, die den Mühlgraben quert. Zwischen Pferdeweiden geht es weiter bis zur Wupper, erst unter der Bahntrasse durch, dann überqueren Sie auf der Bahnbrücke den Fluss, folgen der Bahn und biegen nach rund vierhundert Metern links ab. Der Feldweg führt wieder zum Fluss und folgt einer weiten Wupperschleife. Noch vor der Wupperstraße am Rande von Rheindorf geht es nach links wieder direkt ans Ufer. Nun führt der Weg durch Wiesen und Weiden. Die Wupper glitzert links des Wegs und rauscht über einen Fischaufstieg, den der Wupperverband angelegt hat, um die Durchlässigkeit für die Fische und damit die Qualität des Gewässers insgesamt zu verbessern. Unmittelbar dahinter entdecken Sie auch die Mündung der Dhünn in die Wupper. Ursprünglich mündete die Dhünn in den Rhein, doch schon im Jahre 1840 war ihre Mündung in die Wupper verlegt worden; 1970 wurde der Flusslauf der Wupper dann mitsamt der Dhünnmündung nach Norden verschoben. Dahinter ist schon bald der Rhein in Sichtweite. Die Strecke führt nach links über die Wupperbrücke und der Beschilderung nach durch die Rheinaue, am Altarm der historischen Wuppermündung mit der Schiffsbrücke (siehe S. 45) vorbei und zurück zum Neuland-Park in Leverkusen.

Seit dem 19. Jahrhundert mündet die Dhünn nicht mehr in den Rhein, sondern in die Wupper.

Ein zurückgebautes Wupperwehr ermöglicht die Fischwanderung.

Die Blütenstadt Leichlingen

Blütenstadt mit Wasserkraft: Leichlingen taucht bereits im 10. Jahrhundert in schriftlichen Quellen auf und war schon im 12. Jahrhundert ein Kirchort. Seit dem 14. Jahrhundert entstanden an der Wupper und in den Seitentälern Schleifereien, denen Öl-, Getreide- und Walkmühlen folgten, Vorläufer der späteren Metall- und Textilindustrie – deren Standorte am Wupperufer heute von Schulen eingenommen werden. Doch lebten die meisten Einwohner bis ins 19. Jahrhundert hauptsächlich von der Landwirtschaft und betrieben nebenbei Obstanbau. Mitte des 19. Jahrhunderts begann die Entwicklung Leichlingens zu der Stadt, die heute rund achtundzwanzigtausend Einwohner zählt.

Stadtpark, Wupper und Fußgängerzone

Ein Rundgang durch die Stadt beginnt am schönen Stadtpark im Zentrum, neben dem Rathaus. Im Frühjahr beeindruckt er mit dem rosafarbenen Blütenmeer seiner Kirschbäume. Von der Montanusstraße zwischen Altem und Neuem Stadtpark überqueren Sie die Wupper. Bald liegt links der Marktplatz und rechts geht es in die Fußgängerzone, die Brückenstraße, die mit Eiscafés und vielerlei Geschäften zur nächsten Wupperbrücke führt. Sie bietet einen schönen Blick über den Fluss zum Turm der Evangelischen Kirche. Hinter der Brücke geht es am Verkehrskreisel links in die Marktstraße.

Ein Blick über die Wupper auf den Turm der Evangelischen Kirche in Leichlingen.

Gut gepflegte Fachwerkhäuser prägen die Altstadt Leichlingens, wie hier an der Mittelstraße.

Denkmalschutz „im Dorf“

Die größte Hofschaft im Bereich des Kirchspiels Leichlingen wurde traditionell stets nur „das Dorf“ genannt. Ihre Häuser rückten im Laufe der Jahrhunderte bis an die Kirche heran. Alte Leichlinger sagen auch heute noch: „Ich geh' ins Dorf“, wenn die Innenstadt gemeint ist. In diesem alten Siedlungskern ist mit vielen zumeist verschieferten, ein- bis zweigeschossigen Fachwerkhäusern aus dem 16. bis 19. Jahrhundert eine weitgehend geschlossene historische Bebauung erhalten geblieben. Um diese einmalige und unverwechselbare Altstadtsituation zu wahren, hat die Stadt Leichlingen das Gebiet 1984 als Denkmalschutzbereich ausgewiesen. Dieser umfasst sowohl einzelne Baudenkmäler als auch weitere Häuser, die zwar baulich verändert sind, aber durch ihre Eigenart oder ihre Stellung am Platz oder im Straßenverlauf das Gesamterscheinungsbild des historischen Ensembles entscheidend mitprägen. Geschützt ist nicht nur das Aussehen einzelner Häuser, sondern viel grundsätzlicher auch der Siedlungsgrundriss und das Erscheinungsbild der Siedlung, das durch die vorhandenen Gebäude und die charakteristische Führung des Straßenraums bestimmt ist. Denn insgesamt ergeben die Bauten mit dem historischen Straßenverlauf ein aussagekräftiges Bild der Siedlung Leichlingen im 18. und 19. Jahrhundert und damit auch eines typischen bergischen Dorfes dieser Zeit.

Der historische Kern der Leichlinger Innenstadt ist seit 1984 unter Denkmalschutz gestellt.

Malerische Fachwerkhäuser am Fuße der Kirche

Gegenüber der Evangelischen Kirche (1753–56, mit einem Turm von 1877) beginnt ein besonders wertvoller Bereich der Stadt: „das Dorf" mit vielen schönen und gut gepflegten, vielfach auch verschieferten Fachwerkhäusern. Entlang der Verbindungsstraße von den Bergischen Höhen hinab zum alten Wupperübergang nördlich der Kirche entwickelte sich der Siedlungskern mit einem Marktplatz. Diesem historischen Straßenverlauf, Marktstraße–Mittelstraße–In der Meffert, folgt nun unser Weg. Schöne Baudenkmäler sind die Häuser in der Marktstraße 16, 20–22, 26 und 31–33. In der Mittelstraße stehen die Nummern 2, 4, 5–7, 9–11–13, 12, 14, 41, 43 und 53 unter Denkmalschutz. Im weiteren Verlauf der Straße In der Meffert beginnt der Leichlinger Obstweg.

Obstweg Leichlingen

Der Obstweg Leichlingen führt über etwa neun Kilometer durch die reizvolle und abwechslungsreiche Landschaft im Norden der Stadt zur Wupper hin. Ein Apfelsymbol weist den Weg vorbei an typisch bergischen Weilern, durch Wälder und entlang kleiner Bachläufe. Und immer wieder werden auch Streuobstwiesen passiert, teils mit alten, knorrigen Baumbeständen oder dem ökologisch so wertvollen Totholz mit Höhlen und Nistmöglichkeiten, teils mit neu angelegten Pflanzungen junger Bäume. Entlang der Strecke geben Informationstafeln und Sortenschilder Auskunft über den vielfältigen Lebensraum Obstwiese. Auch über alte Obstsorten wie „Kaiser Wilhelm" oder „Weißes Seidenhemdchen" ist einiges zu erfahren. Bei allem Lehrreichen bietet der Weg auch viele schöne Ausblicke ins Bergische Land.
An der Strecke liegen auch einige Hofläden und Direktvermarkter. So können Sie sich in Hülstrung mit Leichlinger Blütenhonig versorgen

Typisch bergische Schieferhäuser mit grünen Fensterläden und Blumenschmuck: Das Schieferkleid dient als Wetterschutz.

Leichlingen – von Streuobstwiesen gerahmt

Leichlingen ist das Herzstück der Bergischen Obstkammer. Die Lage an den Ausläufern der Bergischen Höhen zum Rheintal hin mit günstigen Klima- und Bodenverhältnissen ließen den Obstanbau in Leichlingen zu einem wichtigen Wirtschaftsfaktor werden. Saftig-süße Erdbeeren lockten bereits in den 1920er- und 1930er-Jahren Großstädter in das idyllisch gelegene Leichlingen.

Erdbeerkirmes, Obstmarkt und Bratapfelfest

Noch heute ist die Erdbeerkirmes im Juni ein beliebtes Fest. Der Leichlinger Obstmarkt findet alljährlich am ersten Wochenende im Oktober statt. Seit 1896 nutzen Erzeuger aus der Region den Obstmarkt für die appetitliche Präsentation von bergischem Obst und Gemüse. Auch ein Bauernmarkt, Vorführungen historischer Berufe, Kinderprogramm und Gastronomie finden ihren Platz. Und am ersten Adventswochenende lädt das Leichlinger Bratapfelfest, ein weihnachtlich beleuchteter und liebevoll geschmückter Adventsmarkt, zum Bummeln, Schlemmen und Beisammensein ein.

Obstweg durch bergische Streuobstwiesen

Streuobstwiesen mit Apfelbäumen, unter denen Kühe grasen, prägen die Landschaft rund um Leichlingen. Sie faszinieren nicht nur zur Blütezeit im Frühjahr. Der Obstweg Leichlingen führt durch diese reizvolle Landschaft und bietet dabei schöne Ausblicke ins Bergische Land. Schilder an der Strecke informieren über den Lebensraum Obstwiese und alte Obstsorten (siehe S. 90).

Die Leichlinger Streuobstwiesen bieten zahlreichen heimischen Tierarten ideale Lebensbedingungen.

(Imkerei Metz, Hülstrung 19). Bei Bennert und Oberschmitte bieten Hofläden (Familie Hackenberg, Bertenrath 1; Hof Baumhögger-Meuthen, Oberschmitte 19) Eier, Kartoffeln und Beerenobst an. In Bergerhof liegt die Champignonzucht von Peter Marseille, der auch andere leckere Pilze verkauft (Bergerhof 71). Von Bergerhof aus geht es wieder zügig hinab ins Tal der Wupper. Zurück führt der Weg durch die Straße In der Meffert, an deren Ende rechts in die Mittelstraße und bald nach links in die Gartenstraße, in der rechts einige Häuser mit schönen Jugendstilfassaden auffallen. Am Ende der Gartenstraße fällt der Blick wieder auf den Stadtpark, den Ausgangspunkt.

Von der Freizeitanlage Diepental durch das Murbachtal
Das Naherholungsgebiet Talsperre Diepental bietet für jeden etwas: Bootsverleih, Minigolf, Freibad und Angelmöglichkeiten sowie vielfältige Gastronomie garantieren einen schönen Aufenthalt. Der ehemalige Rittersitz Diepental, eine alte Wasserburg, war die Keimzelle von Haus Diepental und wurde im 18. Jahrhundert zu einem landwirtschaftlichen Gut umgewandelt. Um 1900 wurde die Talsperre mit einem Elektrizitätswerk errichtet und Pattscheid, das heute zu Leverkusen gehört, wurde bis in die 1930er-Jahre hinein mit Diepentaler Strom versorgt. Die Gastronomie wurde zu Beginn der 1920er-Jahre aufgenommen.

Bach, Stausee und Mühle im malerischen Tal
Der Spaziergang folgt ganz einfach dem Seeufer und dem Bachverlauf talabwärts. Sie bleiben durchgehend auf der Seite des Murbachs, auf der die Freizeiteinrichtungen liegen. Vom Wanderweg haben Sie eine freie Sicht auf den kleinen Stausee. Unterhalb des Staudamms schlängelt sich der Bach durchs Tal. Die Tour führt am Hang entlang durch den

Streuobstwiesen mit ihrem herrlichen Blütenkleid prägen die Kulturlandschaft rund um Leichlingen.

Wald, mit schönem Blick auf den frei plätschernden Murbach. Rund zweieinhalb Kilometer unterhalb von Diepental wird die Wietscher Mühle erreicht. In dem historischen Gebäude ist heute ein gemütliches Gartenlokal eingerichtet. Unterhalb beginnt ein Asphaltweg, den Sie nehmen und an der nächsten Straßengabelung nach links abbiegen.

Skulpturenpark Sinneswald

Ein fantastischer Skulpturengarten, der „Sinneswald", wird schon nach zweihundert Metern erreicht. Auf dem Gelände einer historischen Spinnerei schufen die Initiatoren ein Kunstmuseum in der Natur, ein Forum für über fünfzig regionale Künstler. Um einen alten Mühlenteich, auf verschlungenen Pfaden im Wald und entlang des Bächleins sind vielfältigste Kunstobjekte zu entdecken, die alle Sinne ansprechen. Fantasievolle Arbeiten aus Holz, Stein oder Metall bieten ein überraschendes Erleben von Kunst und Natur. Vorbei an der Spinnerei verlassen Sie den Sinneswald und gelangen wieder auf die rechte Seite des Baches. Die Spinnerei aus dem 19. Jahrhundert wurde auf Fundamenten eines mittelalterlichen Schleifkottens errichtet und dient heute nur noch als Wohnhaus, abgesehen von gelegentlichen Kulturveranstaltungen. Sie folgen wieder der Straße parallel zum Bach. Wenn Sie hinter dem Steinbruch der Straße geradeaus folgen, erreichen Sie Balken. Der hübsche Ort besteht aus wenigen Häusern mit Fachwerk-Idyll und zwei Gaststätten. Zurück geht es auf dem bekannten Weg – mit anderer Blickrichtung.

Der Stausee an der Freizeitanlage Diepental

Im Sinneswald überraschen die Kunstwerke auch durch ihren engen Bezug zur Natur.

Steinen-
dorf
Eicken-
berg
Nacker Bach
Weinsberger Bach
Vormeiswinkel
Lache
Röl-
scheid
Widdert
Wupper
Wippe
Hintenmeiswinkel
Schleiferei
Wipperkotten
Haasenmühle
Wipperaue
Wupper
Start
P
Haus
Nesselrath
Schleifkotten
Friedrichsaue
Untenrüden
Friedrichs-
tal
Obenrüden
Schleifmühle
Leysiefen
P
P
Nesselrath
Projektraum:
WupperWandel
Fähr
Rödel
Kradenpuhl
N
Ober-
schmitte
Kempen
0
500
m
187
Wupperberg
Kuhle
Dierath
Hülstrung

Schleifkotten an der Wupper

Weltberühmte Solinger Schneidwaren

Das haben Sie sicher auch schon beobachtet: In Fachgeschäften beliebter deutscher Touristenstädte stehen asiatische Reisegruppen Schlange, um Messer oder Scheren „Made in Solingen“ zu erstehen. Unsere Wanderung ist diesem Mythos der Solinger Klingen auf der Spur. Der malerische Weg verläuft nah am Ufer der Wupper, kreuzt kleine Fachwerkdörfer und stößt immer wieder auf Bauten und Anlagen der besonders hier so bedeutenden Schleiferei. Im Jahre 1823 wurden neunzig Schleifkotten oder Schleifmühlen gezählt, die mit der Wasserkraft der Solinger Bäche betrieben wurden, später nahm ihre Zahl noch zu. Und das Solinger Schneidwarengewerbe hat einige Besonderheiten zu bieten: Nachdem der Schmied das Eisen grob geformt und der Härter den Stahl gehärtet hatte, gaben Schleifer den Messern und Klingen ihre Form, Schärfe und den Glanz. Die Endmontage erledigten die Reider oder Schwerdtfeger. Schleifer waren selbstständige Heimarbeiter, denen die Werkzeuge und Arbeitsplätze in den Kotten samt Schleifstein gehörten. Nach einem harten Arbeitsleben in Kälte und feuchten, staubigen und dunklen Räumen waren noch im 19. Jahrhundert viele Schleifer durch Arbeitsunfälle gezeichnet oder an der gefährlichen Lungenkrankheit Silikose erkrankt. Im Verlaufe des 20. Jahrhunderts wurde die Produktion auf industrielle Fertigung umgestellt und die alten Kotten verloren ihre traditionelle Funktion.

Schleifen im Kotten

Am Gasthaus „Haasenmühle“, aus Richtung Leichlingen kommend unmittelbar jenseits der Wupperbrücke, folgen Sie rechts der Beschilde-

Eine romantische Kanupartie auf der Wupper

rung nach Wipperaue. Vorbei an einer Minigolfanlage und dem Restaurant Wipperaue mit seinem gepflegten Fachwerk und einladendem Biergarten ist bald der Wipperkotten erreicht. Seine Besichtigung während des Schleifbetriebs ist ein einmaliges Erlebnis (siehe Themenraum S. 99). Der benachbarte Innenkotten liegt idyllisch auf der Insel zwischen Mühlgraben und Wupper. Er war seit den 1950er-Jahren das Atelier des Künstlers und Designers Hans Karl Rodenkirchen (1926–2007) und ist bis heute das Wohnhaus seiner Familie. Nach einer Besichtigung des Schleifkottens folgen Sie dem Weg direkt ans Ufer der Wupper und gehen dort entlang. Links am Hang sind im Wald Hohlwege und Pfade zu erkennen. Auf diesen Lieferwegen waren früher Lieferfrauen von und zu den Schleifereien unterwegs, die bis zu fünfundzwanzig Kilogramm schwere Körbe halb fertiger Waren zwischen den einzelnen Produktionsstätten auf ihrem Kopf transportierten, tagein, tagaus, in winterlicher Kälte wie in sommerlicher Hitze. Bald führt eine Brücke über den Wassergraben des ehemaligen Hohlenpuhler Kottens, ebenfalls eine Doppelkottenanlage in Fachwerkbauweise, die bereits im 17. Jahrhundert existierte, mit dem Niedergang des Schleifergewerbes jedoch ihre Funktion verlor und im Jahre 1950 abgerissen wurde.

Kotten-Idyll in der Wupperaue

Der Weg führt weiter nach Friedrichsaue und vorbei am lang gestreckten Untenfriedrichstaler Kotten, der gerahmt von Streuobstwiesen direkt an der Wupper liegt. In diesem außergewöhnlich großen Fachwerkgebäude aus dem 18. Jahrhundert waren über hundert Schleifer beschäftigt. Ebenfalls ungewöhnlich war, dass später im Gebäude eine Reiderei zur Montage der Schneidwaren ergänzt wurde. Nach dem wirtschaftlichen Funktionsverlust wurde der Kotten zu einem Wohnhaus umgebaut.

Die Wupper und ihre Ufer stellen wertvolle Naturrefugien dar.

Durch das Fachwerkdorf Friedrichstal geht es weiter im Tal auf den Standort des Obenfriedrichstaler Kotten zu. Hier blieb jedoch wenig erhalten. Wieder direkt am Ufer entlang kommen Sie nun nach Untenrüden, ein weiteres Dorf mit vielen gepflegten Fachwerkhäusern. „Haus Rüden" lädt zur Einkehr. Mitten im Ort erinnert der kleine schmucke Hilbertzkotten einmal mehr an die allgegenwärtige Schleiferhistorie: Der Fachwerkbau wurde erst im Jahre 1920 errichtet und bot mit seinen motorgetriebenen Schleifsteinen Platz für drei Schleifer als selbstständige Heimarbeiter. Vom Dorf gehen Sie auf die Wupperbrücke zu, vorbei am alten Schulhaus, biegen jedoch für einen kleinen Abstecher nach Obenrüden vor der Wupper nach links auf den Uferpfad ab, der zum Untenrüdener Kotten führt. Recht untypisch wurden hier einzelne Kotten am Wupperufer nicht als Doppelkotten nebeneinander-, sondern gereiht hintereinandergesetzt, sodass sich eine ungewöhnliche Längserstreckung des Gebäudes ergibt. Auf dem weiteren Weg gelangen Sie an den ersten Grundstücken des nächsten Dorfes Obenrüden nach links wieder auf die Dorfstraße. Zwischen gepflegtem Fachwerk-Idyll gehen Sie zurück nach Untenrüden und auf dem bereits bekannten Weg über die Brücke bis zum „Haus Fähr" auf dem südlichen Ufer der Wupper. Gleich hinter dem Gasthaus führt der Weg rechts ab von der Straße. Ihm

Seit Jahrhunderten führen tief eingeschnittene Hohlwege zu den Schleifkotten am Wupperufer. Fachwerk-Idyll in Friedrichstal (Mitte) und Haus Fähr an der Wupperbrücke in Rüden (unten)

folgen wir nun geradewegs bis zum Ausgangspunkt an der „Haasenmühle" überwiegend direkt am Ufer der Wupper. So können der Obenfriedrichstaler Kotten, der Untenfriedrichstaler Kotten und Friedrichsaue mit der schmalen Wupperbrücke noch einmal aus anderer Perspektive, jenseits des Flusses liegend, betrachtet werden.

Rittersitz am Wupperufer

Wenn Sie den Wald hinter Friedrichsaue verlassen, entfernt der Wanderweg sich etwas vom Ufer und verläuft durch offene Felder. Nach Belieben folgen Sie dem ersten oder zweiten Wirtschaftsweg nach rechts, stoßen bald wieder auf die Wupper und halten sich links. Zum Abschluss der Wanderung beeindruckt Haus Nesselrath oder Nesselrode zur Linken. Der mittelalterliche Rittersitz wurde erstmals im Jahre 1303 erwähnt. Nach einem Umbau im 16. Jahrhundert entstanden die noch erhaltenen Gebäudeteile. Das zweigeschossige Torhaus aus Bruchstein mit einer spitzbogigen Durchfahrt zum Innenhof, Fachwerk im Giebel und Kreuzstock im Fenster war Teil der ehemaligen Vorburg. Abschnitte der Ringmauer um das gesamte Anwesen wurden später in die Gebäude miteinbezogen. Mitte des 19. Jahrhunderts brannte ein schlossartig ausgebautes Herrenhaus jedoch ab und heute gehören die Bauten zu einem landwirtschaftlichen Betrieb.

Vom Rittersitz Nesselrode blieben nach einem Brand imposante Wirtschaftsgebäude erhalten.
Farbenfrohe Natur: Der Ilex fühlt sich wohl auf den kalkreichen Böden des Bergischen Landes.

Schleiferhandwerk im Wipperkotten

Der Wipperkotten ist der letzte original erhaltene Solinger Schleifkotten. Er wurde bereits im Jahre 1605 als Doppelkotten mit zwei Wasserrädern erwähnt. Mit Plätzen für zwölf bis sechzehn Schleifer in den Erdgeschossen war er damals einer der größeren Kotten. Der Außenkotten wurde nach einem Brand 1858 in seiner heutigen Form errichtet. Bereits beim Eintreten ist die besondere Atmosphäre zu spüren: Der Fußboden besteht lediglich aus gestampftem Lehm, im Obergeschoss aus Holzdielen, die Luft ist feucht und kühl. Man fühlt sich in eine andere Zeit versetzt. Hölzerne Antriebskränze klappern und kräftige Riemen aus Leder treiben die Schleifsteine an, über denen wie vor Jahrhunderten konzentriert die Schleifer sitzen und mit knappen, präzisen Bewegungen ihre Arbeit verrichten.

Noch bis 1996 war der Kotten eine traditionsreiche Gewerbestätte ohne jeden musealen Ansatz. Doch zugleich waren die Schleifer im Wipperkotten die wichtigsten Denkmalschützer für dieses einzigartige Zeugnis der Technikgeschichte. Sie pflegten und warteten das Wasserrad, die Wassergräben und die Transmissionsanlage und beseitigten Hochwasserschäden auch, als der Kotten unrentabel geworden war. Dann übernahm der Förderverein Wipperkotten e. V. den Betrieb und vermietet seitdem die Arbeitsstätten an Schleifer, die hier Aufträge für Solinger Firmen der Schneidwarenindustrie oder private Kunden ausführen.

Noch heute arbeiten geübte Schleifer im Wipperkotten mit Wasserkraft.

Wupper
Morsbach
B 229
P
P
Güldenwerth
Schaberg
Müngsten
Napoleonsbrücke
Schaltkotten
Reinshagen
Solingen
Remscheid
Müngstener Brücke/
Brückenpark
Dorperhof
Küppelstein
Radrennbahn
Westhausen
Jagenberg
Eschbach
Müngstener Brücke
Wupper
Wupper
Seilbahn
Schloss Burg
Start
Burg
N
Burgerhöhe
0
500
m

Von Schloss Burg zur Müngstener Brücke

Schloss Burg mit den mächtigen Mauern, dem hohen Bergfried und dem gruseligen Verlies ist wahrhaft ein Erlebnis. Der äußere Mauerring begrenzte den Komplex zum Tal hin. Historische Fachwerkhäuser zeugen von der ehemaligen Handwerkersiedlung, die sich im Mittelalter in der großen Burganlage entwickelt hatte. Der Spaziergang beginnt mit herrlichem Talblick bei einer bequemen Seilbahnfahrt hinunter nach Unterburg. Alternativ führt ein Fußweg am Hang ins Tal. Die Unterstadt am Fuße des Burgbergs fasziniert mit bergischen Fachwerkhäusern in engen Gassen. Am Gasthaus „Zum Burgvoigt" beginnt unser Wanderweg (A2). Linker Hand treffen Sie bald auf die Evangelische Kirche zur Heiligen Dreieinigkeit, die im 18. Jahrhundert im bergischen Barockstil errichtet wurde. Daneben liegt eine große Spielwiese.

Wertvolles Naturschutzgebiet nach europäischem Standard
Gleich hinter der mächtigen, blanken Felswand zur Rechten beginnt ein Landschaftsschutzgebiet. Und noch wertvoller ist die Aufnahme dieses Wupperabschnitts in die Liste der durch die Flora-Fauna-Habitat-Richtlinie europaweit geschützten naturnahen Lebensräume von herausragender Bedeutung. So tummelt sich in der Wupper das seltene Flussneunauge und an den Ufern nistet der rare Eisvogel. Sie durchwandern Hainsimsen-Buchenwald, eine typische Pflanzengesellschaft unserer Mittelgebirge. Rechts des Wegs sprudelt eine erste kleine Quelle aus dem Berghang, dann passieren Sie „Haus Waldfrieden" mit typisch bergischen, schieferverkleideten Wänden, weißen Sprossenfenstern und grünen Fensterläden. Bald darauf führt eine Brücke über die Wupper zur „Waldschänke Wiesenkotten". (Tipp: Wenn Sie nicht die gesamte Strecke gehen möch-

Von Schloss Burg bietet sich ein herrlicher Blick über das Tal der Wupper.

Schloss Burg und die Grafen von Berg

Hoch auf dem Bergsporn steht die Burg mit ihren Toren und Türmen, Mauern und Wehrgängen, mit Rittersaal und Kemenate. Das Bergische Museum in Schloss Burg ermöglicht einen eindrucksvollen Einblick in die Geschichte und Kultur des Mittelalters, das Leben auf Schloss Burg durch die Jahrhunderte, Alltagskultur sowie Handel und Wandel im Bergischen Land. Die Häuser der Vorburg schließlich, der ehemaligen Handwerkersiedlung, bieten heute vielfältige Gastronomie und ausgefallenes Kunsthandwerk.

Angelegt wurde die Burg der Grafen von Berg bereits im 12. Jahrhundert. Anfang des 13. Jahrhunderts veranlasste Engelbert II., der mächtigste der Berger (um 1185–1225, Graf ab 1218), einen maßgeblichen Ausbau der Burg. Als Engelbert I. war er auch Erzbischof von Köln und wurde im Jahre 1225 von Verschwörern ermordet. Die dramatische Szene seiner Verfolgung ist im Rittersaal dargestellt. Die Gebeine Engelberts liegen im Kölner Dom, sein Herz im Altenberger Dom (siehe S. 57).

Bereits zum Ende des 14. Jahrhunderts verlegte Wilhelm II. als erster Herzog von Berg seine Hofhaltung nach Düsseldorf. Zwar wurde „Schloss“ Burg noch gelegentlich als Residenz und Jagdschloss aufgesucht, doch nach der Zerstörung 1648 und dem Abbruch in den 1840er-Jahren war die Burg eine Ruine. Der 1887 ins Leben gerufene Schlossbauverein ermöglichte schließlich den Wiederaufbau, der 1914 abgeschlossen werden konnte.

Im Bergischen Museum auf Schloss Burg wird das Mittelalter lebendig.

ten, können Sie hier auf die andere Seite der Wupper wechseln und dort zum Müngstener Brückenpark gehen.) Wir folgen dem Weg A8 weiter geradeaus und stoßen auf einen ersten schmalen Wasserfall, der rechts den Berghang hinunterstürzt. Der Weg führt nahe am Ufer entlang, wo im März weiße Teppiche von Buschwindröschen auf dem Waldboden unter den hohen Buchen entstehen. Mittlerweile ist die mächtige Müngstener Brücke schon zu sehen, und wenn gerade der „Müngstener“, die Regionalbahn zwischen Solingen-Ohligs und Wuppertal, die Brücke überquert, erfüllt ein lautes Rauschen die Luft.

Weite Aussicht vom Diederichs-Tempel

Nachdem eine kurze Steilstrecke bergauf bewältigt ist, tost unten das Wasser der Wupper über ein Stauwehr. Der Weg führt nun auf ein rundes Aussichtstürmchen mit Säulen, neugotischen Bögen und Ruhebank zu, das zum Verweilen einlädt. Der Diederichs-Tempel wurde im Jahre 1901 von dem wohlhabenden Remscheider Bürger August Diederichs erbaut. Der Blick über das Tal der Wupper, die bewaldeten Höhen und die Müngstener Brücke, den man hier genießt, ist sehr eindrucksvoll. Nach einem weiteren Kilometer ist die alte Werksteinbrücke über die Wupper erreicht, die heute nur noch von Fußgängern und Radfahrern benutzt wird – der motorisierte Verkehr nimmt die ausgebaute Bundesstraße daneben.

Beliebter Park unter der höchsten Brücke

Am anderen Ufer geht es wieder auf die Müngstener Brücke und Schloss Burg zu. Links liegt der Schaltkotten, ein niedriges Backsteingebäude mit gusseisernen Sprossenfenstern, das bereits im 16. Jahrhundert entstand. Zu dieser alten Gewerbestätte gehört auch das bereits gesehene

Auf dem Burggelände umrahmt ein Kranz aus Fachwerkhäusern den weiten Burgplatz.

Am Wanderweg entlang der Wupper liegt idyllisch das Haus Waldfrieden.

Wehr zur Wasserkraftnutzung. Zum zweiten Mal stehen Sie unter der Müngstener Brücke und erleben die Anziehungskraft des Ortes. Der Brückenpark wurde vor wenigen Jahren mit einer Ufer- und Auenzone angelegt, Rasenflächen laden zum Sonnenbaden, Spielen und Picknicken ein, kleine Baumgruppen spenden Schatten, bis zu zehn Meter lange Balkone ragen über die Wasseroberfläche der Wupper – und alles wird von der filigranen Eisenbahnbrücke dominiert. Innerhalb kürzester Zeit hat der Park sich zu einem Besuchermagneten entwickelt (siehe Themenraum rechts). Nach einer erholsamen Rast geht es weiter und nach wenigen Minuten Fußweg bietet sich rückwärts ein schöner Blick auf die Brücke. Der Wanderweg verläuft überwiegend bequem ausgebaut am Hang entlang, lediglich um eine steile Felswand herum führt eine Treppe. Bald sind Sie wieder an der „Waldschänke Wiesenkotten" mit großem Biergarten angelangt. Nachdem das Brückchen überquert ist, nehmen Sie den bekannten Weg zurück nach Burg. Mitten in Unterburg steht die Skulptur des Burger Brezelbäckers und erinnert an die leckere Burger Brezel, das Wahrzeichen des Ortes. Mit der Seilbahn oder nach 18 Uhr über den Fußweg erreichen Sie wieder Schloss Burg hoch über dem Tal der Wupper.

Die Müngstener Brücke zwischen Solingen und Remscheid ist noch heute eine wichtige Verbindung.
An das Wahrzeichen von Burg, die Brezel, erinnert der Brezelbäcker.

Müngstener Brücke und Brückenpark

Die Müngstener Brücke ist die höchste Eisenbahnbrücke Deutschlands. Bei der Ortschaft Müngsten überquert sie die Wupper und verbindet die Städte Remscheid und Solingen. Die eindrucksvolle Stahlkonstruktion von 491 Metern Länge, 107 Metern Höhe und einer Bogenspannweite von 180 Metern wurde bereits im Jahre 1897 in Betrieb genommen. Während der Bauzeit von nur drei Jahren wurden fünftausend Tonnen Eisen und Gussstahl mit rund neunhundertfünfzigtausend Nieten montiert – der letzte Niet erhielt sogar eine goldene Kappe. Als der erste Zug problemlos über die Brücke rollte, stand der Ruf der Müngstener Brücke als technisches Wunderwerk fest.

Diese Attraktion ist das Zentrum des Brückenparks, der seit 2006 jährlich von gut dreihunderttausend Personen besucht wird. Im Rahmen der Regionale 2006 ergriffen die drei Städte Remscheid, Solingen und Wuppertal die Chance, hier im Mittelpunkt des Städtedreiecks eine Kulturlandschaft zu entwickeln und ein attraktives Ausflugsziel zu schaffen. Ab 2010 wird ein neues, hochmodernes Gebäude Café, Bistro und Restaurant unter einem Dach anbieten.

Ein ganz besonderes Erlebnis im Brückenpark ist eine Fahrt mit der Schwebefähre über die Wupper. Der einzigartige Prototyp ermöglicht ein ungewohntes „Schweben“ auf Drahtseilen dicht über dem Fluss von Solingen nach Remscheid und zurück.

Ein einzigartiges Erlebnis verspricht die Schwebefähre im Müngstener Brückenpark an der Wupper.

Regionale 2010 WupperWandel

Die Untere Wupper im Wandel

Das Regionale 2010-Projekt „WupperWandel" zielt auf die Entwicklung zu einem natur- und wohnortnahen Erholungsraum ab, wobei der Wandel der Unteren Wupper in den letzten zwei Jahrhunderten verdeutlicht werden soll. Zunächst landwirtschaftlich genutzt, wurde das Umfeld der Wupper im Zuge der Industrialisierung immer stärker durch Gewerbe und Industrie sowie nachfolgende Wasserverschmutzung geprägt – die Städte wandten sich vom Fluss ab. Mit dem gesellschaftlichen Strukturwandel hin zu einer Dienstleistungsökonomie und mit stärkerer Bedeutung des Umweltschutzgedankens wird das Tal der Unteren Wupper inzwischen zunehmend als attraktiver Erholungs- und Erlebnisraum erkannt. Beim WupperWandel der Regionale 2010 fungieren der Müngstener Brückenpark in Solingen aus der Regionale 2006 und der Neuland-Park in Leverkusen am Rhein als attraktive Portale für den dazwischen liegenden Flussabschnitt. An der ehemaligen Mündung der Wupper in den Rhein lässt zudem das Projekt „Schiffsbrücke Wuppermündung" die historische Brückenkonstruktion wieder erlebbar werden (siehe S. 45). Die Maßnahmen im WupperWandel werden von vier Zielen geleitet: Eine Qualitätssteigerung ist sowohl für die Gewässerqualität als auch für die Freizeitange-

Die Wupper hat sich vom hoch belasteten Industriegewässer zum hochrangigen Naturschutzgebiet entwickelt.

bote vorgesehen, während die Nutzungskonflikte zu minimieren sind. Das Wegenetz im Wupperkorridor soll das Rheinland mit dem Bergischen und beide Ufer der Wupper miteinander verbinden. Neue Informationskonzepte für die lokale Bevölkerung sollen das Regionalbewusstsein stärken, und schließlich sollen Naturraum und Kulturlandschaft für die Menschen der Region erlebbarer werden.

Leichlingen öffnet sich zur Wupper

Die Innenstadt von Leichlingen hat sich im Wupperkorridor als städtebaulicher „Lupenraum" herauskristallisiert. Weil die Stadtentwicklung Leichlingens lange durch eine Abkehr von der Wupper geprägt war, soll die Innenstadt nun wieder stärker zum Fluss hin geöffnet werden, zum Beispiel über eine Sitztreppe. Zudem soll der Fluss die beiderseits der Wupper gelegenen Stadthälften verbinden, etwa mit einer neuen Brücke am Schulzentrum. Ein Kulturzentrum und neue Geschäfte entlang der Wupper sollen die Innenstadt stärken und als attraktiven Lebensraum ausbauen. Es sind neue Zugänge zum Fluss vorgesehen, und die Neugestaltung der Ufer soll deren Anziehungskraft erhöhen, bestehende wupperbegleitende Wege werden dabei aufgewertet und ergänzt. Die Flusslandschaft soll also als Grundlage für eine lebenswerte Innenstadt einen Impuls für eine integrierte Stadtentwicklung geben. Zu diesem Zweck erarbeitete die Stadt Leichlingen ein freiraumplanerisch-städtebauliches Konzept mit Zielaussagen weit über das Jahr 2010 hinaus. Die naturnahe Öffnung der Wupper und der angrenzenden Bereiche in der Innenstadt von Leichlingen soll mit einer Abflachung der Ufer und natürlichen Gestaltung der Uferlinie erfolgen und das Anlegen von Störinseln, die Förderung der Strömungsdiversität und Sedimentumlagerung sowie die Verbesserung der Gewässermorphologie mit einschließen.

Die Innenstadt von Leichlingen wird sich zukünftig wieder stärker zur Wupper öffnen.

Erholungsgebiet Diepental
Diepental 88, 42799 Leichlingen
Tel. 02171 / 302 14, www.diepental.de
Kiosk, Minigolf, Bootsverleih: täglich ab 10.00 Uhr
Waldquell Freibad: Mai–Sep. 8–20 Uhr (Saisoneröffnung 6. Mai)
Café-Restaurant „Haus Diepental“: Fr–So ab 11.30 Uhr, Tel. 02171 / 302 14
Bauernstube: Wochentage und Öffnungszeiten saisonabhängig, Kernzeiten 12–18 Uhr, freitags geschlossen, Tel. 02171 / 311 48

Weitere Informationen zum Projekt **WupperWandel**: www.regionale2010.de

Schleiferei Wipperkotten
Wipperkotten 2, 42699 Solingen
Tel. 0212 / 247 39 58 oder 0212 / 413 77
www.schleiferei-wipperkotten.de
Apr.–Okt. jeden 1. und 3. Sonntag im Monat, 14–16 Uhr sowie nach Vereinbarung
Eintritt: € 1,00, Führung € 15,00

Schloss Burg an der Wupper
Schlossplatz 2, 42659 Solingen
Tel. 0212 / 242 26 26 (Information und Kasse)
www.schlossburg.de
Mo 13–18 Uhr, Di–So 10–18 Uhr, Winter (8. Nov. – 28. Feb.): Mo geschlossen, Di–Fr 10–16 Uhr, Sa, So 10–17, Sonderregelungen in den Weihnachtsferien und feiertags
Eintritt: Erw. € 5,00, erm. € 2,50, Familien € 14

Seilbahn Burg
Hasenclеverstraße 2, 42659 Solingen
Tel. 0212 / 431 81 (Bergstation), 0212 / 422 64 (Talstation)
www.seilbahn-burg.de
Täglich 10–18 Uhr, im Winter nur Sa, So 10–17 Uhr
Fahrpreise (Angaben: einfache Fahrt / Hin- und Rückfahrt): Erw. € 2,40 / € 3,50, Kinder bis 14 Jahre € 1,50 / € 2,00, Familien € 6,30 / € 9,00

Historisches Handwerk und Geschäfte finden sich in den Fachwerkhäusern bei Schloss Burg.
Kunst inmitten der Natur erlebt man im Sinneswald auf ganz besondere Weise.

Spinnerei Braun + Brudes – SinnesWald
Wietsche 1, 42799 Leichlingen
Tel. 02175 / 28 54
www.spinnerei-braun-brudes.de
Mai – Herbstende, täglich bis zur Dämmerung
Eintritt: frei, Spende erwünscht

Wietscher Mühle, Leichlingen
Gartenlokal: ab 14 Uhr täglich außer Di,
Tel. 02175 / 21 08

Wildpark Reuschenberg
Am Reuschenberger Busch 6,
51373 Leverkusen
Tel. 0214 / 681 34
www.wildpark-lev.de
Täglich März–Okt. 9–18 Uhr,
Nov.–Feb. 9–16.30 Uhr
Eintritt: frei
Hunde sind im Park nicht zugelassen

Schloss Burg, der ehemalige Sitz der Grafen von Berg, erhebt sich hoch über der Wupper.
Der Hilbertzkotten in Unterrüden setzte schon früh Motoren statt Wasserkraft zum Schleifen ein.

Erlebnisraum Strunde

Der Vierte im Vierflüsseland, der Strunderbach, ist mit seinen nur zwanzig Kilometern der Kürzeste, aber „der Fleißigste", denn in seiner Blütezeit hat er bis zu vierzig Mühlen angetrieben. Im Bereich der Bachstraße in Köln-Mülheim, wo früher gebraut wurde, floss die Strunde in den Rhein; ganz früher versickerte der Bach in den sumpfigen Rheinwiesen. Heute leitet der rechtsrheinische Kölner Randkanal ab Buchheim das meiste Strundewasser direkt in den Rhein, damit die Stadtteile nicht mehr wie früher „nasse Füße" bekommen.

Was können Sie hier tun und erleben?

Bei aller Dynamik, die die Strunde entwickelt: Man kann ihr nicht durchgängig folgen. Das Projekt „RegioGrün" der Regionale 2010 will hier Abhilfe schaffen. Erleben Sie bei Spaziergängen und Wanderungen, wie die Strunde in der Weltstadt Köln noch dörflich-ländliche Strukturen und Landschaftsinseln erhält und wie sie aus einzelnen Höfen und Weilern die Industriestadt Bergisch Gladbach geschaffen hat. Von der Isenburg in Holweide führt dieses Kapitel Sie entlang der Strunde nach Thielenbruch – oder vom Papiermuseum in der Alten Dombach in Bergisch Gladbach talaufwärts zur Strundequelle. Sie wollen mehr über die Großstadt Bergisch Gladbach mit der alten Schlossstadt Bensberg wissen? Auch dazu finden Sie einen Spaziergang, ebenso wie eine Wanderung durch das waldreiche „Dazwischen", den Lerbacher Wald zwischen Bensberg und Bergisch Gladbach. Das Gebiet wird durchflossen vom Lerbach, einem der wichtigsten Nebenbäche der Strunde, und ist geprägt von Schloss Lerbach, dessen Baustil in der Bergisch Gladbacher Innenstadt mehrfach zu finden ist.

Alter Kotten aus Bruchstein am Bachlauf der Strunde in der Nähe der Igeler Mühle

Zwanzig Kilometer legte die Strunde zurück, bis sie Köln-Mülheim erreichte.

N
0
1 km
Katterbach
Nußbaum
Romaney
Großbüchel
Strundequelle
Herren-
strunden
Burg Zweiffel
Strundequelle
Gut Schiff
Igeler Hof
Igeler Mühle
Strunde
Dünnwald
Paffrath
B 51
B 506
Hebborn
Rommerscheid
Rhein. Industriemuseum
Papiermühle Alte Dombach
Eulenburg
Start
Dombach
Herken-
rath
Bergisch
Gladbach
Projektraum:
Stadt Gestalten -
Bergisch Gladbach
Hand
Höhen-
haus
B 506
Sand
Rochuskapelle
Oberlerbach
Schloss Lerbach
Kierdorf
Kaltenbroich
Gronau
Eicherhof
Scherpenbach
Kreishaus
Grube Cox
Naturfreundehaus
Start
Hardt
Lerbacher Wald
Oberlückerath
Neuenhaus
Erdenburg
Köln
Straßenbahnmuseum
Thielen-
bruch
Strunde
Dellbrück
Strunde
Schweinheim
Strunden
Lückerath
Schloss Bensberg
Bensberg
Burg Bensberg
Bergisches Museum
Vischering-
straße
Haus Isenburg
Start
Holweide
Projektraum:
RegioGrün -
Strunde
Refrath
Frankenforst
Kaule
A 3
A 4
A 4

Am fleißigsten Bach entlang

Menschen neigen zu Übertreibungen. Wenn Vincenz von Zuccalmaglio von der Strunde als dem „fleißigsten Bach Deutschlands" spricht, wird „Montanus", wie sich der bergische Dichter nannte, nicht ernsthaft alle deutschen Bäche abgelaufen sein, um sie auf ihr Dargebot und ihren Gewerbefleiß hin zu überprüfen. Dennoch: Was dieser Bach zwischen Herrenstrunden und Mülheim an Wasser produziert, ist – bezogen auf die Kürze der Strecke – gewaltig. Nicht umsonst hat sich an ihm über Jahrhunderte hinweg eine Kette von Mühlen, insbesondere Papiermühlen, aufgereiht, deren Betreiber eines zu schätzen wussten: immer Wasser zu haben.

Holweide und die Isenburg

Der Kölner Stadtteil Holweide hat – so wie Buchheim die Herler Burg – die Isenburg. Es handelt sich um eine Wasserburg aus dem 14. Jahrhundert, deren Graben vom Strunderbach gespeist wird. Die Isenburg, inzwischen vorbildlich von Architekt Bruno Wasser restauriert, beherbergt neben einem (französisch ausgerichteten) Restaurant auch Eigentumswohnungen. Unsere Wanderung beginnt am Parkplatz an der Isenburg. Von der Wichheimer Straße aus, die einen weiten, ausladenden Blick in die Talaue der Strunde eröffnet, beeindrucken die prägenden, alten Laubbäume, die entlang des Wassergrabens rund um die Isenburg stehen

Hier, an der Mülheimer Brücke, mündete die Strunde einst in den Rhein.

Eingeengt, doch stets wasserreich: der Strunderbach in Köln-Holweide

Die Zufahrt zur Isenburg in Holweide ist der Ausgangspunkt dieser Wanderung.

Aus der Ferne gut zu sehen: der Schweinheimer Schornstein an der Baumwollbleicherei

sowie direkt an der Strunde. Vom Parkplatz führt eine gepflasterte Zufahrt zum Eingangstor der Isenburg – Vorstellungen, wie Kutschen und Leiterwagen in früheren Jahrhunderten über das Kopfsteinpflaster zum Burgtor rumpelten, kommen unwillkürlich in den Sinn. Der Blick in den Burginnenhof reizt, die Gedanken über das Leben auf einer von Wasser umgebenen Burg im 15. oder 16. Jahrhundert weiterzuspinnen.

Der Weg führt über einen Trampelpfad am Wassergraben entlang in Richtung Straßenbahntrasse. Vor Ihnen liegt der Stadtteil Holweide, der in den letzten Jahren durch eine rege Bautätigkeit mit der Ansiedlung von Unternehmen aus dem Handel und Dienstleistungssektor aufgrund der Autobahnnähe starken Zulauf erfahren hat und rund zwanzigtausend Einwohner zählt. Früher lagen hier verstreut kleinere Weiler wie Wichheim, Schweinheim und Schnellweide – mit Mühlen an der Strunde, zunächst Getreide-, später Walk- und Ölmühlen.

Der Schornstein von Schweinheim

Sie gehen, die Straßenbahnlinie zur Linken, den Strunderbach zur Rechten, bachaufwärts und gelangen in das alte Dorf Schweinheim. Wie eng die Bebauung einmal war und wie nah die gedrungenen Fachwerkhäuser, meist Wohnstätten von Arbeitern in den Mühlen oder auf den Gütern, an den prägenden Bach ragten, lässt sich heute noch wahrnehmen. Besonders deutlich wird dies an der Stelle, an der die Schweinheimer Straße auf die Kochwiesenstraße trifft und der hohe Backstein-Schornstein der Kölner Baumwollbleicherei ins Blickfeld rückt. Bis heute wird dort Hadernhalbstoff produziert, der für die Herstellung von Spezialpapieren benötigt wird. Nirgendwo sonst auf unserer Wanderung rückt die Strunde so nahe an die Wohnhäuser; fast direkt vor den Eingängen fließt sie her – jedes Gebäude hat seine eigene kleine Brücke.

Die Strunde schlägt sich seitlich „in die Büsche" – Sie sehen sie erst bewusst wieder, nachdem Sie über die Iddelsfelder Straße die Neufelder Straße mit dem Krankenhaus Holweide im Blick erreicht haben. Hinter der älteren Reihenhausbebauung erstrecken sich größere, nach Süden ausgerichtete Gärten, die bis an die sich hier sanft dahinschlängelnde Strunde heranreichen. Direkt vor der Brücke an der Neufelder Straße biegen Sie nach links ab ins Grüne, um schon nach kurzer Zeit zur Iddelsfelder Mühle zu gelangen. Das malerisch gelegene Gebäudeensemble im Backsteinbau gewährt den direkten Blick auf die Stallungen der Kühe und Kälber, die man auch schon mal vom Wanderweg aus auf den Wiesen erspähen kann. Reizvoll an der Iddelsfelder Mühle ist das noch erhaltene und intakte Wasserrad.
Wer im folgenden schönen, zusammenhängenden Waldgebiet mit einem großen Spielplatz mittendrin die Nähe zur Strunde sucht, sollte nach rechts abbiegen auf einen schmalen Fußsteig, bis der in Schwüngen gemächlich dahinfließende Bach erreicht ist, der hier Anlauf nimmt für das Wasserrad in Iddelsfeld. Die Strundeaue zeigt sich wie auf einem Gemälde – romantische Maler, die sich stets gern des Rheintals und des Siebengebirges angenommen haben, hätten hier ein stimmiges Bild, wie Wald, Feld und Flur auf kleinstem Raum eine abwechslungsreiche Kulturlandschaft komponieren, auf die Leinwand bannen können.
Über den Dellbrücker Mauspfad führt der Weg, gesäumt von verschiedenen, wie in einem Park angeordneten Laubbäumen, auf den Grafenmühlenweg. Ab hier macht sich die Strunde äußerst rar. Sie ist präsent, aber kaum zu sehen, oft verrohrt oder so versteckt hinter Häusern vorbeigeleitet, dass kein direkter Zugang, geschweige denn ein Blick möglich ist. Am Grafenmühlenweg in dem neuen Wohngebiet weist nur lautes Rauschen auf die Strunde hin: Sie liegt in einem engen Beton-

Der Weg der Strunde führt hinter den Gärten von Schweinheim entlang.

kanal unter einem Gitter und „bereichert“ so den Innenhof der Wohnanlage. Über die Hatzfeldstraße geht es an einem Einkaufszentrum vorbei zur Mielenforster Straße. Kurz nach rechts, dann nach links – und die Strunde ist zur Linken wieder da. An der schmalen Straße liegt vorn an ein Reithof, direkt dahinter der Thurner Hof.

Imposanter Fachwerkgiebel am Thurner Hof

Der Thurner Hof in Dellbrück ist ein äußerst markantes Gelände, das schon viele Generationen gesehen hat. Das prägende Fachwerkhaus mit seinem hoch aufgeschossenen Giebel, das Herrenhaus, stammt aus dem 16. Jahrhundert und ist es wert, auch nachfolgenden Generationen erhalten zu bleiben. Sanierungsarbeiten stehen ständig an; es ist immer wieder ein neuer Anlauf, mit ehrenamtlichen Trägern und öffentlichen Geldern für eine nachhaltige Nutzung zu sorgen. Was ehrenamtliche Helfer zu leisten in der Lage sind, zeigen der eindrucksvolle, blüten- und artenreiche Bauerngarten, die früher immer am Dorf- oder Gutsrand angelegte Streuobstwiese mit Imkerei und der wiederhergestellte und funktionstüchtige Wehrgraben mit dem Strundewasser. Durch die unterschiedlichen Licht- und Wasserverhältnisse hat sich hier ein reichhaltiges Mosaik an Wasser- und Sumpfpflanzen angesiedelt, in dem Tierarten, die auf diese Lebensräume angewiesen sind, zu Hause sind.

Thurn-Strunden – der Vorläufer Dellbrücks

Wo heute „Groß-Dellbrück“ liegt mit über zwanzigtausend Einwohnern, gab es bis kurz nach 1900 eine eigene Gemeinde, Thurn-Strunden. Ganz deutlich kam im Ortsnamen das Herz dieser Region mit ihrem Mühlbach zum Vorschein, dem Strunderbach. Auch Dellbrück entwickelte sich industriell genau am Bach mit seinen Mühlen, in denen das

Markante Stationen: die Strunde unter Gittern am Grafenmühlenweg in Dellbrück ...
... und das auffallend „hochgewachsene“ Herrenhaus des Thurner Hofs

Wasser die Energie lieferte, um Getreide zu mahlen und Öl, Papier, Tuch oder Pulver herzustellen. Die Enge der Gräben an den Gebäuden, an denen das Mühlrad angebracht war, ist bei der alten „Zollstation" im Ortsteil Strunden gut zu erkennen.

Das Tal öffnet sich

Hinter dem Thurner Hof öffnet sich bachaufwärts das Tal bis zum alten Ort Strunden. Solche offenen, landwirtschaftlich meist zurückhaltend genutzten Flächen sind erhaltenswert, um den freien Blick in die Natur zu genießen. Sie dienen darüber hinaus als sogenannte Trittsteinbiotope – Inseln im dichten Häusermeer der Ballungszonen, die es Tieren

Malerisch beengt in Strunden (links) und in der Nachbarschaft verschieferter Fachwerkhäuser
Hinter dem Thurner Hof weitet sich das Tal – ein schöner Landschaftsraum in der Großstadt.

ermöglichen, von einem Rückzugsraum zum nächsten zu gelangen. Deshalb ist es gerade in einem Tal wichtig, außer dem Bachbiotop auch Wiesen, Waldinseln, Hecken und Einzelbäume zu schützen, da nur so eine Artenvielfalt auch bei dichter Besiedlung erhalten werden kann. In diesem Bereich, in dem die Strunde wie ein Kanal wirkt, weil sie zu beiden Seiten von einer Art Deich gesäumt ist, um bei Hochwasser nicht in die anliegenden Gärten einzudringen, liegt die frühere Gipsmühle von Dellbrück. Die ehemals zum Antrieb eingesetzte Turbine befindet sich noch vollkommen funktionstüchtig im Gebäude.

Traditionsgaststätte „Em Höttche"

An Bach und Wiesen vorbei erreichen Sie über die Hardthofstraße Strunden. In dem ehemaligen Dorf mit noch zahlreichen kleineren Häusern mit Fachwerkelementen, die teilweise sehr einsam und bedrängt zwischen modernen, ausladenden Mehrfamilienhäusern stehen, fällt an der Kreuzung der Blick auf die Traditionsgaststätte „Em Höttche", die 1785 gegründet wurde. Trotz Hineinragens in die Gierather Straße und trotz Platzmangels in der Außengastronomie – „Em Höttche" hat überlebt und hat seine historische Funktion im Innern wie auch sein historisches Äußeres beibehalten dank der Handschrift des Architekten Bruno Wasser.

In Alt-Strunden biegen Sie nach links in den Mühlenhofsweg. Ein kleines Brückchen über

Liebevoll restauriert: die Traditionsgaststätte „Em Höttche" im alten Dorf Strunden

Der Strunderbach schlängelt sich durch eine der zahlreichen Waldpartien.

die Strunde wird gesäumt von einem stilvoll verschieferten Fachwerkhaus, einem kleinen Fachwerkhaus und einem gerade renovierten Backsteingebäude, dem Gesamtkomplex der alten Strunder Mühle. Dahinter beginnt das zusammenhängende Waldstück mit der Schluchter Heide zwischen Dellbrück und Gierath. Es ist ein bevorzugtes Naherholungsgebiet: Wanderer, Jogger, Rad- und Mountainbikefahrer sind in diesem letzten größeren zusammenhängenden Waldgebiet auf der früheren Bergischen Heideterrasse unterwegs, wie auch Reitfreunde.

Naturschutz-Kleinod Thielenbruch mit Straßenbahnmuseum

Dort liegt auch als Bestandteil dieses Nord-Süd-Grünzugs das Naturschutzgebiet Thielenbruch. Wie der Namensteil „-bruch“ schon andeutet, ist dies vor allem ein sumpfig-feuchtes Gelände, das sogar seltenen Orchideenarten Raum bietet. In Thielenbruch endet die Straßenbahnlinie 18, die vom Kölner Hauptbahnhof über Dellbrück hinaus früher einmal als „Linie G“ bis in die Innenstadt von Bergisch Gladbach fuhr. Heute ist die sehenswerte Wagenhalle aus den 1920er-Jahren im von alten Villen geprägten Stadtteil Thielenbruch die Endstation. Die Wagenhalle und die überdachten Bahnsteige sind nicht nur wegen ihrer an Berliner Großstadtverhältnisse erinnernden Architektur sehenswert, sondern auch, weil sie als Museum von den Kölner Verkehrs-Betrieben eingesetzte historische Bahnen ausstellt. Das Wanderzeichen „>7“ geleitet durch den Wald direkt dorthin. Zwischen Wagenhalle und Bahnsteig befindet sich im Übrigen das Gasthaus „Lezuch's“ einschließlich Biergarten. Von der Endhaltestelle der Bahn können Sie mit der Linie 18 zur Haltestelle Vischeringstraße fahren und entlang der Wichheimer Straße, die Strunde ein letztes Mal querend, zurück zum Parkplatz an der Isenburg gehen.

Der Endhaltestelle der Linie 18 in Thielenbruch ist eine historische Wagenhalle benachbart, die als Straßenbahnmuseum dient.

Talaufwärts nach Herrenstrunden

Klassische Kalkbuchenwälder mit der Hülse

Vom Papiermuseum bachaufwärts ist das Strundetal bis Herrenstrunden als Naturschutzgebiet ausgewiesen. Der Fußweg führt in gerader Richtung unmittelbar am Bach entlang. Die Buchenwälder an den steilen Hängen gedeihen zusammen mit der „Hülse" – wie im Bergischen der Ilex oder die Stechpalme genannt wird – deshalb so gut, weil sie sich auf dem Kalkboden der Paffrather Kalkmulde besonders wohl fühlen. Das führt dazu, dass unter dem Schirm der teilweise mächtigen Buchen im Frühjahr, wenn die noch unbelaubten Zweige viel Licht durchlassen, das Strundetal besonders reizvoll ist mit seinen vielen Frühlingsblühern wie Buschwindröschen, Lerchensporn, Scharbockskraut und Lungenkraut sowie der ein oder anderen Orchideenart. Zwischen dem Hangweg und der Straße hat der „fleißigste Bach Deutschlands" in einem Auwaldbereich Gelegenheit, sich je nach Wassermenge immer neue Wege zu suchen. Gerade im Stück zwischen der Neuen Dombach und dem Zulauf des Hombachs – im Bereich der Igeler Mühle, in die nach der Renovierung ein asiatisches Meditationszentrum Einzug gehalten hat – fließt die Strunde besonders im Frühjahr und nach längeren Regenzeiten in mehreren Armen talabwärts. Das feuchte Auwaldgelände, ähnlich wie am Kradepohl weiter talabwärts in Gronau, ist ein besonderes Kleinod an diesem insgesamt kurzen Bachlauf.

Fachwerkensemble Gut Schiff

Kurz vor Gut Schiff, einer Ansammlung von geduckten Fachwerkhäusern und Backsteinbauten, die einen landwirtschaftlichen Betrieb mit

Frühlingsblüher im Strundetal: Auf den hiesigen Kalkböden gedeihen sie besonders gut.

Hofladen beherbergen und einst eine Pulvermühle darstellten, öffnet sich das Strundetal. Der Weg führt über eine neue Brücke an die Straße, der Sie bis Herrenstrunden folgen. Abrupt endet der charakteristische Buchenwald, und Wiesen prägen von nun an für einige hundert Meter das Bild. Der Bach hat ein ihm zugewiesenes Bett. Ohne sich, wie er es gern hätte, in gemächlichen Windungen Richtung Tal bewegen zu können, muss er sich beeilen, in fast schurgerader Richtung zwischen den Häusern von Gut Schiff – auf die eine junge Kastanienallee zuläuft – und den Weideflächen hindurchzukommen. Auch fehlen ihm hier weitgehend die typischen Begleitgehölze wie Erlen oder Weiden.

Herrenstrunden – Quell eines Baches

Herrenstrunden ist erreicht, der Ort, an dem die „Herren von der Strunde“ vom Johanniterorden siedelten und markante Gebäude hinterließen: Ihren Sitz nahmen sie im 13. Jahrhundert direkt am Strunderbach und errichteten die Komturei – natürlich mit eigener Mühle wenig unterhalb – und die gegenüberliegende Johanniterkirche. Die Malteserkomturei, die mit der Säkularisierung im Jahre 1802 in Privatbesitz übergegangen war, beherbergt heute ein Hotel der gehobenen Kategorie. Das historische Gebäude war mehrfach wieder aufgebaut worden, zuletzt in der Nachkriegszeit, nachdem es im Zweiten Weltkrieg ausgebrannt war.

Weitere eindrucksvolle Stationen: Gut Schiff, heute ein landwirtschaftlicher Betrieb ...
... und die Malteserkomturei in Herrenstrunden, heute ein Hotel-Restaurant

Auch die kleine Kirche zeigt nicht mehr den Urzustand des 14. Jahrhunderts: Renovierungen und Erweiterungen haben ihr das heutige Gesicht verliehen.
Zu Herrenstrunden gehört direkt am Ortseingang das alte Freibad mit dem charakteristischen Eingang im Stil der 1920er-Jahre, das nicht mehr vollständig als Freizeitanlage, sondern auch gastronomisch genutzt wird. Allerdings hatten die Pächter bisher eher wechselhaften Erfolg. Direkt angrenzend liegt die imposante Burg Zweiffel, früher auch häufig „Zweiffelstrunden" genannt, die sich in Privatbesitz befindet. Salons und Gesprächszirkel waren ein Markenzeichen der Burg – geblieben ist an der Straßenseite das Restaurant „Dröppelminna", das in seinem Innern zahlreiche alte bergische Hausgegenstände ausstellt und die gehobene Küche mit französischem Einschlag kredenzt.

Wo das Wasser aus dem Hang sprudelt

In Herrenstrunden, am Ende des Parkplatzes an der Kirche in Richtung Spitze, tritt die Strunde zutage. Hier, in einem kleinen steingefassten Bassin, kommt der Bach gewissermaßen aus dem Boden gesprudelt – gewissermaßen, denn seine wahre Quelle liegt weiter talaufwärts im zerklüfteten Gestein der Paffrather Kalkmulde, in Höhe der Zwergenhöhle. Das Kalkgebirge mit seinen Schwinden und Einbrüchen besitzt die Eigenart, dass Gewässer plötzlich verschwinden, unterirdisch

Die Herrenstrunder Kirche aus dem 14. Jahrhundert wurde immer wieder verändert.
Dass die Strundequelle als Bassin eingefasst ist, soll geändert werden.

weiterfließen und an anderer Stelle wieder austreten. Dies trifft mit hoher Wahrscheinlichkeit auch auf den Strunderbach zu. Doch um sicherzustellen, dass ein Bachlauf auch über einen längeren Verlauf sichtbar ist, hat man sich darauf geeinigt, in Herrenstrunden die Quelle der Strunde an dieser Stelle festzulegen. Es liegt nahe, einen Ort mit diesem Namen auch mit dem eigentlichen Grund für diesen Namen zu versehen.

Zurück über den Igeler Hof zur Alten Dombach

Der Weg zurück zur Alten Dombach – dem Papiermuseum – verlässt hinter Burg Zweiffel die Hauptstraße. Rechts ab folgen Sie bis zum Reitturnierplatz dem Bücheler Weg, um dort schräg links einen recht schnell ansteigenden Hohlweg zu nehmen, der einst durch einen typischen Kalkbuchenwald führte. Schneebruch und Sturm in Verbindung mit zu ausgiebigen Rodungsarbeiten haben dem gewohnten Bild viel genommen. Am Waldrand gelangen Sie auf freies Feld: Rechts geht es nach Combüchen, geradeaus nach Rommerscheid und zur Margarethenhöhe; Sie nehmen den Weg nach links, bleiben auf dem Fahrweg und erreichen schon bald den Igeler Hof, Wohnsitz der Familie Zanders. Hier hielt sich häufig der Komponist Max Bruch auf und ließ sich inspirieren. Vom Igeler Hof, der heute noch landwirtschaftlich genutzt wird und früher das Gut der Kommende war, führt eine Allee hinab ins Strundetal. Unten im Tal beeindruckt zur Linken ein imposanter Steinbruch mit seinen geologischen Aufschlüssen und schräg links die Strunde, wie sie nach dem Aufstau durch den Mühlgraben zu Tal stürzt, erhebliche Energie zeigt und verdeutlicht, was Wasserkraft bewirken kann – sonst hätten sich nicht über Jahrhunderte Generationen dieses natürlichen Potenzials bedient. Nur noch wenige Meter bachabwärts, und das Papiermuseum ist nach sieben Kilometern wieder erreicht.

Warmes Licht: Herbststimmung im Strundetal

Lerbacher Wald mit Grube Cox

Zwischen Bergisch Gladbach und Bensberg liegt der Lerbacher Wald. Zusammen mit der angrenzenden Hardt und dem Milchborntal handelt es sich um eines der beliebtesten Naherholungsgebiete im rechtsrheinischen Raum. Hierhin zieht es Wanderer, Spaziergänger, Jogger, Reiter und Mountainbiker. Einen Eindruck von diesem so beeindruckenden Waldgebiet – das in weiten Teilen ein Naturschutzgebiet ist – erhält, wer am Kreishaus, dem Verwaltungsgebäude des Rheinisch-Bergischen Kreises, zu einer Wanderung aufbricht. Gleich hinter dem Kreishaus liegt die Grube Cox, ein großes Baggerloch, aus dem noch bis in die 1980er-Jahre Dolomit gewonnen wurde. Eigentlich sollte die Grube zugeschüttet und aufgeforstet werden, doch Naturschützer wiesen darauf hin, dass die Wasserfläche, die sich gebildet hatte, wertvoller Lebensraum für Amphibien und Wasservögel ist und sich an den Grubenhängen auf magere Böden angewiesene Pflanzenarten anzusiedeln begannen. Folglich wurde in den 1990er-Jahren das Grubengelände unter Naturschutz gestellt. Als Wanderer können Sie vom Grubenrand aus die unterschiedlichen Lebensräume verfolgen – ein reizvoller Anblick zu jeder Jahreszeit.

Rund um die Grube Cox und durch den Lerbacher Wald

Vom Parkplatz hinter dem Kreishaus nehmen Sie einen kleinen Fußsteig, den Sie nach etwa dreißig Metern rechts ab auf einen Trampelpfad verlassen. Er führt zunächst durch einen Kiefern-, später dann einen Laubwald in gerader Linie über einen steilen, steinigen Weg auf die Talsohle der Grube Cox. Unten geht es rechts herum am Wasserrand vorbei, teilweise verschlungen zwischen Weiden- und Erlensträuchern

Knorriges Wurzelwerk im Lerbacher Wald

hindurch, bis zu einer Gabelung. Geradeaus führt ein breiterer Weg aus der Grube heraus in Richtung Bensberger Straße; Sie aber biegen nach links ab, um durch eine Art Hohlweg, einen früheren Abfuhrweg, hinauf auf den Grubenrand zu gelangen. Eine eigens eingerichtete Aussichtsstelle mit Erläuterungen zum Naturschutzgebiet gewährt den besten Blick über die Grube Cox.

Sie folgen dem Fußweg, nehmen eine kurze, scharfe Steigung und gelangen auf einen Hauptweg, über den Sie in gerader Richtung hinein in den Lerbacher Wald kommen. An der bald erreichten großen Kreuzung führt Ihr Weg geradeaus bergan, und nach einer knappen Viertelstunde gelangen Sie an die nächste größere Kreuzung, die Sie wenige Meter, nachdem Sie in einer Biegung einen kleinen Bachlauf überquert haben, erreichen. Sie gehen geradeaus, bleiben auf der Höhe in diesem vorwiegend von Buchen geprägten, herrlichen Wald und kommen schon bald zu den ersten Häusern des Weilers Kaltenbroich. Wer das Naturfreundehaus Hardt, das ehemalige Steigerhaus der Grube Blücher, als Abstecher besuchen möchte, nimmt am Ende des Waldes vor Kaltenbroich den Weg bergan nach rechts.

Im kühlen Grunde

Wie der Name bereits sagt: In Kaltenbroich ist es stets etwas kälter als in der nahen Umgebung, was auf den Broich – den Bruch, die Senke oder den Talkessel – zurückzuführen ist. Das eigentliche Dorf, abgeschieden am

In der Grube Cox, die heute ein Naturschutzgebiet ist, wurde früher Dolomit abgebaut.
Das Naturfreundehaus war einst das Steigerhaus der Grube Blücher im Lerbacher/Hardter Wald.

Ende eines Talkessels und doch mitten in der Großstadt Bergisch Gladbach, wirkt mit seinen kleinen Häusern mit Fachwerk und Bruchsteinmauerwerk wie ein mit Leben gefülltes Freilichtmuseum. Bei näherem Hinschauen aber lässt sich trotz der beachtlichen historischen Bedeutung unschwer feststellen, dass die behutsam ordnende Hand, die historische Bausubstanz stilsicher zu bewahren und den denkmalwerten Charakter einer alten Siedlung zu sichern weiß, hier vielfach nicht zum Einsatz kam.

An die charakteristischen kleinen Häuschen, in denen Arbeiter aus der nahen Erzgrube Blücher zu Hause waren, die ihre Blüte in der zweiten Hälfte des 19. Jahrhunderts erlebte, sind teilweise doppelt so große Anbauten gesetzt worden, sodass das alte Ortsbild mitunter nur erahnt werden kann. Bei dieser regen Bautätigkeit ist es umso erstaunlicher, dass eine große freie Fläche, die mitten im Dorf direkt am Bach liegt, bislang nicht bebaut ist – hier wurde einst die Wäsche gewaschen und zur Bleiche ausgelegt.

Sie halten sich auf der Dorfstraße und werfen einen Blick auf das rechts an dem steilen Berghang gelegene Fachwerkgebäude: Es ist so in den Berg hineingesetzt, dass es in früheren Zeiten die Aufgabe des dörflichen Kühlkellers übernehmen konnte. An der nächsten Kreuzung, fünfzig Meter weiter, biegen Sie nach links ab und verlassen das Dörfchen Kaltenbroich. Auf der geraden

Der Lerbach auf dem Weg zur Strunde, unweit der Grube Cox im Lerbacher Wald

Der französische Friedhof erinnert an die napoleonische Herrschaft im Bergischen.

Straße kommt rasch der Hof Oberlerbach in Sicht, mit der gegenüber gelegenen ehemaligen Mühle. Rechts am Hof vorbei den Hang hinauf führt ein Wanderweg nach Herkenrath durch einen herrlich erhaltenen und sehenswerten historischen Hohlweg, der unter Naturschutz gestellt wurde. Sie bleiben jedoch im Tal und wandern entlang der Hauptstraße etwa dreihundert Meter auf der linken Seite bis zum Parkplatz, hinter dem sich der Park von Schloss Lerbach erstreckt.

Zurück in den Lerbacher Wald

Der Schlosspark beherbergt eine stattliche Anzahl an alten Laubgehölzen; der Blick auf das Schloss wird geprägt von einem Teich mit Springbrunnen, auf dem meist ein weißer und ein schwarzer Schwan ihre Runden drehen. Gehen Sie anschließend zurück Richtung Parkplatz und nehmen Sie den Fußweg entlang der Hauptstraße nach rechts, um einem breiten Fahrweg nach links zu folgen. An der Wiese entlang gehen Sie im Wald geradeaus, bis Sie nach einem kleinen Anstieg mit einer Biegung am Ende bald eine Kreuzung erreichen, an der Sie sich rechts halten und auf einem immer sandiger werdenden Weg leicht bergab gehen. Hinter einem alten Teich halten Sie sich links. Rechter Hand sehen Sie zwischen den Laub- und Nadelbäumen die Umrisse des Eicherhofs, eines Reiterhofs mitten im Wald. Sie nehmen den nächsten Weg nach rechts und gehen über einen schönen Waldweg zurück zum Kreishaus.

Für die vier bis fünf Kilometer dieses Weges sollten Sie bei normaler Gehgeschwindigkeit eine gute Stunde veranschlagen. Wenn Sie sich aber – was sehr zu empfehlen ist – Zeit für die reizvollen Ausblicke an der Grube Cox, in Kaltenbroich, im Park von Schloss Lerbach und im Wald nehmen wollen, sollten Sie entsprechend mehr Zeit einplanen.

Schloss Lerbach wurde erbaut nach Plänen von Gabriel von Seidl, dessen Mitarbeiter Ludwig Bopp das Bergisch Gladbacher Stadtbild entscheidend prägte.

Die Schlossstadt Bensberg

Bensberg ist ein Stadtteil von Bergisch Gladbach. Dies tut den Bensbergern noch heute weh, obwohl die Eingemeindung bereits im Jahre 1975 mit der kommunalen Neugliederung vollzogen wurde. Die stolze Stadt mit dem exakt auf Köln und die Rheinebene ausgerichteten Schloss, mit dem futuristischen Rathaus, der Hochhaussiedlung „Manhattan", den drei Autobahnanschlüssen an die A4 und der Schlossstraße als Einkaufszone konnte sich gar nicht vorstellen, mit dieser Perspektive in der nahen Kreisstadt Bergisch Gladbach aufgehen zu müssen. Bergisch Gladbach kam eher ländlich-behäbig, typisch kleinstädtisch, wenig innovativ und kreativ, obwohl industriell geprägt, daher – während Bensberg den Finger am Puls der Neuzeit zu haben glaubte, ohne seine Historie zu vernachlässigen.

Der kleine Spaziergang durch Bensberg vollzieht die Symbiose von Geschichte und Neuzeit nach. Ausgangspunkt ist das Schloss, das erhaben über der Stadt thront. Errichtet hat es der Italiener Matteo d'Alberti im Auftrag des in Düsseldorf residierenden bergischen Kurfürsten Johann Wilhelm von Pfalz-Neuburg („Jan Wellem"), der seiner Frau, einer Italienerin, einen Prachtbau mit Blick auf die Rheinebene schenken wollte und zum anderen ein Jagdschloss benötigte, um im nahen Königsforst der Jagd nachzugehen. Die Hirsche vermehrten sich so rasant, dass die Obrigkeit um Wald und Holz fürchtete. Im Vorfeld des Hirschfestes von 1790 sollen viertausend Tiere geschossen worden sein.

Das Schloss hat eine wechselvolle Geschichte: Es war Lazarett, preußische Kadettenanstalt, Kaderschule für den nationalsozialistischen Nachwuchs, belgische Kommandantur nach dem Zweiten Weltkrieg, bis zum Ende der 1980er-Jahre eine belgische Schule und heute ist

Bergisch Gladbachs älteres Schloss: das einst als Jagdschloss errichtete Schloss Bensberg

es ein Luxushotel mit Sterneküche. Sie verlassen das Tor, gehen um die Schlossmauer herum nach links und erreichen auf der rechten Seite das „Goethehaus" – benannt nach einem Besuch Johann Wolfgang von Goethes im Jahre 1774. Der Dichter schrieb in seinem Werk „Dichtung und Wahrheit": „Deutlicher ist mir eine Fahrt nach dem Jagdschloß Bensberg, das, auf der rechten Seite des Rheins gelegen, der herrlichsten Aussicht genoß. Was mich daselbst über alle Maßen entzückte, waren die Wandverzierungen durch Weenix" – den niederländischen Maler.

Am stattlichen Bruchsteinhaus am Markt, dem Haus einer Freimaurerloge, gehen Sie vorbei und schräg links an kleinen gedrungenen Fachwerkhäusern entlang, dem sogenannten „Malerwinkel", steuern dann auf das Gasthaus Wermelskirchen zu und haben das eigenwillige Bensberger Rathaus vor sich: Um den noch herausragenden Burgfried der alten Burg Bensberg herum errichtete Gottfried Böhm ein Betonkorsett, in dem heute das Bau- und Planungsamt der Stadt Bergisch Gladbach untergebracht ist. Der Rundgang um das Rathaus im Bogen nach links führt auf die Straße Burggraben. Mit ihren verschieferten Fachwerkgebäuden macht sie deutlich, wie diese Häuser einmal der Burg zu Füßen gelegen haben. Im ersten Gebäude befindet sich der Eintrittsbereich ins Bergische Museum für Handwerk, Bergbau und

Das Bensberger Rathaus demonstriert Böhm'sche Baukunst rund um den alten Burgfried.
Gleich daneben: das Bergische Museum, das auch einen Bergwerksstollen umfasst

Gewerbe. Im Museum können Sie sich über die Arbeits- und Wohnverhältnisse im historischen Bensberg informieren und mit einem Fahrstuhl in einen ehemaligen Bergwerksschacht hinunterfahren – der Kern des Museums aber sind die auf einem kleinen, gut überschaubaren Hanggrundstück errichteten Fachwerkhäuser, in denen verschiedene Handwerke zu besichtigen und bei Vorführungen nachzuvollziehen sind. Sie gehen den Burggraben weiter hinunter, erreichen am tiefsten Punkt ein hervorragendes Restaurant, das bezeichnenderweise „Das Fachwerkhaus" heißt, und gelangen am Anstieg auf die andere Seite des Rathauses. Von hier aus können Sie einen kleinen Abstecher in den Innenraum machen, um die typisch Böhm'sche Bauweise mit Glas und Sichtbeton noch besser wahrnehmen zu können.
Vorbei am Hotel Malerwinkel, natürlich im Fachwerkstil, führt der Weg zurück zum Schloss. Wenn Sie das moderne Bensberg der 1970er-Jahre sehen möchten, sollten Sie über die Treppen hinunter in die Schlossstraße gehen. Hier ist sie eine Fußgängerzone, unterhalb und oberhalb für den Straßenverkehr freigegeben. An den zum Schloss hin gelegenen Hang schmiegten sich früher die Häuser – bis mit dem Umbau der Innenstadt zu einer Einkaufszone der sogenannte „Bensberger Riegel" errichtet wurde. Ein lang gestrecktes, in Terrassen angeordnetes Bauwerk, das den Vorstellungen einer modernen Stadt aus den 1960er- und 1970er-Jahren folgte und heute vermutlich anders gestaltet würde.
Der Weg zurück zum Schloss führt den von Kopfsteinpflaster geprägten Bensberger Berg hinauf und vorbei am Familiengericht, einem beeindruckenden Bruchsteinbau. Über dieses Pflaster quälen sich regelmäßig am Ostermontag die Radsportler zum Schlosstor hinauf, die an der Tour Rund um Köln teilnehmen. Der einzigartige Blick auf die Kölner Bucht ist ihnen in diesem Fall nicht vergönnt.

Das Bergische Museum für Handwerk, Bergbau und Gewerbe: In Fachwerkhäusern wird altes Handwerk vorgeführt.

Bergisch Gladbach – Großstadt mit Papier

Bergisch Gladbach ist eine junge Stadt – verglichen mit Wipperfürth, der ältesten Stadt des Bergischen Landes, die bereits achthundert Jahre die Stadtrechte besitzt. Bergisch Gladbach wurde 1856 zur Stadt erhoben und Bensberg erst 1947. Seit der kommunalen Neugliederung 1975 sind Bergisch Gladbach und Bensberg eine einzige Stadt – und seit 1977 sogar Großstadt. Damals kletterte die Einwohnerzahl der Kreisstadt des Rheinisch-Bergischen Kreises zum ersten Mal über die Hunderttausender-Marke.

Ein großes Dorf an einem Bach

Als die Stadt zur Stadt wurde, war sie nur eine Ansammlung einzelner Weiler und Gehöfte. Mit dem 19. Jahrhundert erreichte die Industrie Bergisch Gladbach – in den Mühlen an der Strunde wurde vor allem Papier hergestellt. Die Firma Zanders übernahm ab 1822, als sich der Düsseldorfer Forstbeamte Johann Wilhelm Zanders an der seit dem 16. Jahrhundert Papier erzeugenden Schnabelsmühle beteiligte, weitere bedeutsame Papiermühlen an der Strunde. Mit der Firma Wachendorff in Gronau prägte Papier das industrielle Gesicht der Stadt entscheidend. Dazu zählte auch die Firma Weig, die vorrangig Pappen herstellte. Heute kommt Papier aus Bergisch Gladbach nur noch von Zanders.

In Schlodderdich nahe der Strunde wurden alte Industriebauten stilvoll restauriert.

Die Schornsteine der Innenstadt

Auf der anderen Seite der Stadt befindet sich der zweite große Arbeitgeber: Grünzweig + Hartmann oder „Die Glas-

faser". Ihr Schornstein erhebt sich wie der von Zanders über die Stadtsilhouette. Friedrich Rosengarth erfand hier in den 1930er-Jahren in der Firma Hager die Glasfaser – bei Grünzweig + Hartmann erlangte das Produkt seine weitere Reife und trat später unter dem Namen „Isover" seinen internationalen Siegeszug als Dämmstoff an.

Folgen Sie Ihrer Nase

Bei West- und Südwestwind kommen auch die östlichen Stadtteile in den Genuss eines süßlichen Dufts, der daran erinnert, dass im Gewerbegebiet Zinkhütte bei der Firma Krüger Lebensmittel hergestellt werden: Kakao- und Cappuccinopulver, Tee- und Fruchtmixgetränke jeder Art. Firmenchef Willibert Krüger gründete sein Firmenimperium, zu dem die Aachener Schokoladenfabrik Ludwig gehört (Trumpf), vor bald vier Jahrzehnten in Nebenräumen des elterlichen Großhandels.

Papier macht Bücher

Ein Unternehmen, das Bergisch Gladbach auf dem internationalen Buchmarkt bekannt machte, ist Anfang 2010 nach Köln-Mülheim gezogen: der Bastei Lübbe Verlag. Altverleger Gustav Lübbe war nach dem Krieg aus Köln hierher gekommen und hatte mit Groschenromanen angefangen, die er auf dem Handwagen zur Post schaffte und in der jungen Republik versandte. Das Unternehmen, das mit Rätselheften und Taschenbüchern groß wurde und inzwischen auch in der Belletristik einen Namen besitzt, wechselte nun in Räume der früheren Kabelfabrik Felten & Guilleaume.

Mit der Industrie kam die Stadt

Bergisch Gladbach ist mit der Industrie gewachsen – nämlich wegen des für die Papiermühlen benötigten Wassers entlang der Strunde. Die wirt-

Die gute Stube der Stadt als Museum und Veranstaltungsort: die Villa Zanders. Im Park der Villa soll die Strunde an mehreren Stellen wieder offengelegt werden.

schaftliche Dominanz der Firma Zanders und das politische Engagement der Familie sorgten dafür, dass sich um das Werk Gohrsmühle herum der städtische Kern entwickelte: Gegenüber der Firma baute sich die Familie in einem schönen Park, in dessen südlichem Bereich die Strunde auf einigen Metern offengelegt ist, ein repräsentatives Wohnhaus. Die Villa Zanders am Marktplatz beherbergt heute die Städtische Galerie. Der Geschichte der Firma können Sie im Kulturhaus Zanders an der oberen Hauptstraße nachgehen.

Die Innenstadt und ihre Zukunft

Mit Zanders und der „Glasfaser" liegt die maßgebliche Industrie nach wie vor nahe an der Innenstadt, nahe auch am Bergisch Gladbacher Sackbahnhof. Von ihm aus erstreckt sich die Fußgängerzone strundeaufwärts. In der Nähe des Bahnhofs sind in den letzten beiden Jahren Einkaufszentren entstanden: die RheinBerg Passage auf dem früheren Busbahnhof, auf dem einst die Maschinenfabrik Berger stand, sowie schräg gegenüber die RheinBerg Galerie, die mit zwanzigtausend Quadratmetern Verkaufsfläche seit 2009 ein großer Publikumsmagnet ist. Seither haben sich die Fußgängerströme merklich Richtung Westen verlagert. Wie sich die übrige Fußgängerzone der Hauptstraße entwickelt und ob sich auch bei einer möglichen Umgestaltung der Verlauf der Strunde symbolisch im Pflaster wiederfindet, wird abzuwarten sein.
Bergisch Gladbach scheint die Industrie am Rande der Innenstadt immer weiter zurückzudrängen und sich zu einer strukturierteren Einkaufsstadt zu entwickeln. Aus den vielen Dörfern ist recht schnell eine Großstadt geworden, die als Wohn- und Einkaufsort beliebt ist und in der viele Menschen leben, die entlang der Rheinschiene arbeiten, aber lieber näher am Bergischen Land wohnen.

Die Handschrift des Architekten Ludwig Bopp im Bergisch Gladbacher Stadtgebiet zeigt sich besonders markant am Rathaus der Stadt.

Böhm, Bopp und das Stadtbild

Zwei Architekten haben Bergisch Gladbach geprägt: Ludwig Bopp und Gottfried Böhm. Bopp kam um 1900 an die Strunde als Mitarbeiter des Münchner Stararchitekten Gabriel von Seidl, der vom Fabrikantenehepaar Richard und Anna Zanders, einer geborenen von Siemens, den Auftrag erhalten hatte, für das Paar am Lerbach ein Landhaus zu bauen. Wo die Wasserburg von Gut Lerbach zusammen mit dem stattlichen Lerbacher Hof im Fachwerkstil gestanden hatte, ließ sich das Ehepaar eine repräsentative Villa mit zahlreichen Nebengebäuden in einem prächtigen Park errichten – das „Schloss“ Lerbach, heute ein Luxushotel mit Sterne-Küche. Das Ehepaar Zanders hatte nicht mehr viel von dem Gebäude, denn Richard Zanders starb bereits sehr jung, im Jahre 1906.
Seidls Mitarbeiter Ludwig Bopp blieb in Bergisch Gladbach und plante im Auftrag des Stadtrats, dem auch Richard Zanders angehörte, das heutige Rathaus am Konrad-Adenauer-Platz. An ihm sind süddeutsche Gemütlichkeit und barocke Schnörkel ebenso aufzuspüren wie Elemente des Historismus und regionale Besonderheiten wie Fachwerkgiebel und Bruchsteinsockel. Ähnliche stilistische Spielereien hatte Bopp auch unmittelbar gegenüber am zur Fußgängerzone hin gelegenen Teil des heutigen Bürgerhauses „Bergischer Löwe“ vollzogen. Der rund hundert Jahre alte „Löwe“ erhielt Ende der 1970er-Jahre sein heutiges Gesicht: Der Kölner Stararchitekt Gottfried Böhm schuf eine Kombination aus Alt und Jung, die von

Der Bergische Löwe am Konrad-Adenauer-Platz, errichtet von Ludwig Bopp, fortgesetzt und erweitert von Gottfried Böhm

seinen drei anderen Bauwerken im Stadtgebiet vor allem in einem Punkt deutlich abweicht.

Böhm und der Sichtbeton mit Glas

Der „Löwe“ verzichtet auf Sichtbeton, den Böhm besonders gern mit Glas verbindet. Diese Mischung setzte er im Stadtteil Schildgen bei einem Neubau der katholischen Kirche um; diese Kombination bevorzugte er im Kinderdorf Bethanien in Refrath und – bundesweit beachtet – in Bensberg, wo er von der alten Burg, unterhalb des Schlosses gelegen, den Burgfried beibehielt und um ihn herum mit Sichtbeton ein Rathaus für die damalige Stadt Bensberg errichtete.

Bopp, Zanders und der Gronauer Wald

Ludwig Bopps Spuren lassen sich ebenfalls rund um die Papierfabrik Zanders aufspüren: am Gronauer Bahnhof, heute eine private Fachhochschule für Wirtschaft, und an Häusern einer Reform-Siedlung. Das Ehepaar Zanders wollte Arbeitern in Fabriknähe modernen Wohnraum mit Garten anbieten, und in repräsentativen Häusern im gleichen Baustil sollten auch die leitenden Angestellten des Unternehmens wohnen – in einer Siedlung aus über zweihundert Häusern im Gronauer Wald im Stile der englischen Gartenbewegung, die sich bewusst in den Wald und die Landschaft integrierte. Sich selbst errichtete Bopp an der heutigen Richard-Zanders-Straße ein Haus (Nummer 49), um sich später am Talweg (Nummer 3) den Traum von einer Villa zu verwirklichen. Bis in die 1920er-Jahre wuchs die Gronauer Waldsiedlung, dann nahm die Bautätigkeit durch die Wirtschaftskrise und den Zweiten Weltkrieg ab. Im Kernbereich am Platz „An der Eiche“, rund um den wohl hundertsiebzigjährigen mächtigen Baum, stehen einige Häuser unter Denkmalschutz.

Die Gartensiedlung Gronauer Wald prägt das Stadtbild und ist durchgängig denkmalwürdig.

Papierherstellung

Papier im Museum – in der Dombach an der Strunde

Papier wurde „in der Dombach" – am Standort des heutigen Rheinischen Industriemuseums – schon vor rund vierhundert Jahren geschöpft. Die Papiermühle am Strunderbach war bis 1900 in Betrieb. In einem gewaltigen Kraftakt, den der Landschaftsverband Rheinland gemeinsam mit der Firma Zanders in den 1980er-Jahren unternahm, entstand das herrlich im Talgrund der Strunde gelegene und mit einem beeindruckenden Gebäudeensemble aus imposanten Fachwerkgiebeln und trutzigen Bruchsteinmauern ausgestattete Papiermuseum. Einige Zeit waren die Häuser noch als Wohnungen für die Arbeiter genutzt worden, die nebenan in der neueren Fabrik an den Maschinen standen. Als die Fertigung des Papiers zur Papierfabrik Gohrsmühle in die Stadtmitte wanderte, verschwanden jedoch die Maschinen und Geräte zusehends aus dem malerischen Strundetal. Für den Aufbau des Papiermuseums musste alles, was über Jahrhunderte mit der Papierschöpfung verbunden war und ist, wieder beigebracht werden. Hierzu zählten auch die Öffnung des Mühlgrabens und die Restaurierung des gewaltigen Mühlrads, das während der Öffnungszeiten des Museums immer wieder in Betrieb genommen wird.

Der Obergraben der Papiermühle Alte Dombach im Strundetal treibt das Mühlrad an.
Museumsbesucher können bei den Vorführungen das Mühlrad in Aktion erleben.

Papier in allen Schattierungen
Wer heute das Museum besucht, wird nicht nur die über die Jahrhunderte veränderte Art und Weise der Papierherstellung – von der puren Handschöpfung bis zur Maschine – anschaulich nachvollziehen können, sondern auch einen Eindruck davon gewinnen, was alles an dickem, dünnem, transparentem, griffigem oder rauem Papier hergestellt werden kann. Wer selbst einmal Papier schöpfen will, kann sich in Kursen und bei Veranstaltungen mit der breiigen Masse auseinandersetzen. Beim Rundgang durch das Museum sollen die wiederhergestellten Originalschauplätze aus dem Arbeits- und Wohnbereich nachempfunden werden: der Lärm beim Lumpenstampfen, der beißende Geruch des Papierbreis, die Kälte auf dem zugigen Trockenspeicher – aber auch die Lebensbedingungen der Arbeiter mit ihren Familien. In einem der Fachwerkbauten ist eine Arbeiterwohnung nachgestellt worden. Besucher, aber auch Wanderer durch das Strundetal, dürfen sich schließlich auf ein Café in einem weiteren Fachwerkhaus am Mühlenteich freuen.

Besonders eindrucksvoll: Die PM 4
Maschinen, die zur Papierherstellung nötig waren, sind auch im Freien zu besichtigen. Zwischen den Fachwerkgebäuden und den Bruchsteinbauten des etwas weiter strundeaufwärts gelegenen früheren Industriekomplexes steht auf Freiflächen (an einem von einer Buchenhecke gesäumten landschaftsgerecht gepflasterten Weg) eine Reihe von Geräten aus der industriellen Papierherstellung – bis man schließlich zur eindrucksvollen Papiermaschine PM 4 gelangt, die in einer früheren Werkhalle zu bestaunen ist. Die PM 4, vierzig Meter lang und fünf Meter hoch, war 1889 bei der Firma Zanders in Betrieb genommen worden.

Das Papiermuseum Alte Dombach an der Strunde mit seinen markanten Fachwerkgebäuden

Auf der Bergischen Heideterrasse

Vor vielen Tausenden von Jahren waren der Königsforst (das heute mit zweitausendfünfhundert Hektar größte zusammenhängende Waldgebiet im rechtsrheinischen Kölner Bereich) und die benachbarte Wahner Heide (mit fünftausend Hektar Fläche das bedeutendste und artenreichste Naturschutzgebiet des Rheinlands) eine Einheit. Beide heute zum europäischen Naturerbe zählenden Flächen gehören zur Bergischen Heideterrasse, die sich von der Siegmündung den Rhein entlang bis in den Raum Haan / Velbert zog und eine Heidelandschaft mit heidetypischen Waldinseln aus knorrigen Eichen und Buchen bildete. Noch heute künden die Namen von diesen früheren Vorkommen: Ohligser Heide, Schlebuscher Heide, Merheimer oder Dellbrücker Heide. Übrig geblieben ist von diesem sechzig Kilometer langen, nur zwei bis drei Kilometer breiten Streifen, der nach Osten immer weiter ansteigt, in größerem Ausmaß nur die Wahner Heide **(Köln, Bd. 4)**.

Alte Kulturlandschaft Wahner Heide

Wie auch die anderen Flächen war die Heidelandschaft über viele Jahrhunderte eine Kulturlandschaft, in der vorrangig Viehzucht betrieben wurde. Angesichts der nur noch knappen Bestände muss das heutige Ziel sein, möglichst viel von diesem Heidecharakter zu bewahren. Das Gebiet besticht nicht nur im August und September durch die weit-

Heideblüte in der Wahner Heide, dem bedeutendsten Naturschutzgebiet des Rheinlands
Der Wahner Heide vorgelagert: alter Hudewald bei Rösrath

hin sichtbare Heideblüte, sondern beeindruckt mit seinem Landschaftsmosaik aus Heide, feuchten Gräben und Mooren, Waldstücken und trockenen Dünenbereichen zu jeder Jahreszeit.

Ziegen und Glanrinder als Landschaftspfleger

Die Heide zu erhalten bedeutet, auch heute wieder Grasfresser als Landschaftspfleger einzusetzen, so wie es bis ins 19. Jahrhundert üblich war. Eine Herde von Glanrindern – eine alte, robuste, rheinische Rinderart, die kurz vor dem Aussterben stand, bis sich Züchter und Landwirte dieser alten Haustierrasse besannen – durchstreift die Wahner Heide ebenso wie eine Ziegenherde und eine Schafherde. Hin und wieder übernehmen auch Esel die Aufgabe, den heidefremden Bewuchs niederzuhalten. Sie alle sorgen dafür, dass das Gebiet eine Heidelandschaft bleibt: Ohne den Einsatz der Rinder und Ziegen entstünde sehr rasch Wald, zunächst mit Birke und inzwischen Traubenkirsche, die sich rasant entwickelt, später mit Eiche und Buche.

Siebenhundert geschützte Arten in der Wahner Heide

Zur Landschaftspflege zählt natürlich auch, Gewässerläufe unter den Verkehrsachsen hindurch so zu gestalten, dass Amphibien und an feuchte Lebensräume gebundene Tierarten wandern können – zum Beispiel die in ganz Europa sehr seltene Gelbbauchunke, die in der Wahner Heide und am östlichsten Rande des Königsforsts vorkommt. Den Populationen die Möglichkeit der Begegnung einzuräumen, sollte über solche Vernetzungsmaßnahmen angestrebt werden.

Immerhin zählt die Wahner Heide mit ihren siebenhundert geschützten Arten aus Flora und Fauna zum herausragendsten Naturschutzinventar, das wir besitzen – und dies, obwohl mitten im Heidegebiet ein Flughafen

Gegenüber dem Turmhof, dem zukünftigen Portal der Wahner Heide, liegt diese Hudewaldlandschaft.

errichtet wurde und die Heide seit dem 19. Jahrhundert militärisch genutzt wird. Zunächst betraf dies „nur" den Schießplatz in Köln-Wahn zur Zeit der preußischen Könige und des deutschen Kaisers, doch während der beiden Weltkriege wurde die Wahner Heide als Flugplatz und militärische Übungsfläche genutzt. Nach dem Zweiten Weltkrieg übernahmen die Alliierten das Heidegebiet, zuletzt die belgischen Streitkräfte. Sie sperrten die Heide für die Bevölkerung weitgehend ab und sorgten trotz, oder gerade wegen des beständigen Umpflügens und Niederwalzens durch die Panzerketten dafür, dass sich dieser einzigartige Lebensraum ruhig entwickeln und das, was die Heide ausmacht, in großen Teilen „gesichert" bewahren konnte.

Nur wer die Natur kennt, schützt sie auch

Heute ist die Heide weitgehend frei vom Militär, nur im südlichen Bereich hat sich die Bundeswehr das Recht vorbehalten, etwa tausend Hektar für Übungszwecke zu nutzen. Aber der große Teil außerhalb des eingezäunten Flughafengeländes, der Naturschutzgebiet, Vogelschutzgebiet und auch Bestandteil des europäischen Naturerbes „Natura 2000" ist und damit der strengen Flora-Fauna-Habitat-Richtlinie der EU unterliegt, hat den Schutzstatus jetzt auf dem Papier erlangt – es liegt nun an den Besucherinnen und Besuchern der Wahner Heide und des Königsforsts, sich des Werts und des Artenreichtums dieser Gebiete bewusst zu werden und sich so zu verhalten, dass dieser Schatz unmittelbar vor den Toren des Ballungsgebiets an der Rheinschiene auch zukünftigen Generationen nicht vorenthalten wird. Sich in der Natur zu bewegen und Natur und Landschaft zu genießen bedeutet, sie zu respektieren, wertzuschätzen und zu achten. Nur wer die Natur kennt, weiß sie auch zu schützen.

^ *Um die Heideblüte zu erleben, muss man nicht in die Lüneburger Heide fahren: Die Bergische Heideterrasse liegt ja vor der Tür.*

Regionale 2010 RegioGrün – Strunde

Die Strunde zählt als Nordostkorridor zum Regionale 2010-Projekt „RegioGrün". RegioGrün hat sich zum Ziel gesetzt, Landschafts- und Kulturräume unterschiedlicher Prägung und Geschichte in der Region neu erlebbar zu machen. Von der Strunde ist seit Jahrhunderten neben den bewaldeten Hängen des im Oberlauf tief eingeschnittenen Tals ihr enormes Wasserdargebot bekannt, das bereits in frühindustrieller Zeit für verschiedenste Mühlen genutzt wurde. Die Stadt Bergisch Gladbach zum Beispiel verdankte ihr wirtschaftliches Wachstum den zahlreichen Papiermühlen der Strunde.

Wasserburgen, Obergräben und Mühlenreste sind als Einzelbauwerke vorhanden und teils auch beschrieben. Doch wie sie sich entlang der Strunde wie an einer Perlenkette aufgereiht in der Landschaft abbilden, ist oft nur geschichtlich interessierten Einheimischen bekannt. Das Projekt RegioGrün will mit der Gestaltung des Strundekorridors das Tal neu erschließen und so Geschichte an Ort und Stelle veranschaulichen. Ein von der Quelle bis zur Mündung durchgängig geplanter Rad- und Wanderweg soll zu den bekannten und unbekannten Sehenswürdigkeiten an den Ufern der Strunde führen und vor allem eines erreichen: Die Strunde und die Menschen, die mit ihr seit Jahrhunderten leben und arbeiten, den Besuchern näherzubringen und sie ihnen als Bestandteil einer traditionsreichen Kulturlandschaft in stärkerem Maße vertraut zu machen.

Eindrucksvoll, dynamisch, energisch: der fleißigste Bach Deutschlands

Regionale 2010 Stadt Gestalten – Bergisch Gladbach

Das Regionale 2010-Projekt „Stadt Gestalten" hat sich für die Innenstadt von Bergisch Gladbach Großes vorgenommen: Es will zum einen den Bachlauf der Strunde, der die Stadt mit seinen Papiermühlen bekannt gemacht hat, wieder sichtbar und erlebbar machen. Zum anderen will es der Kreisstadt mit ihren über hunderttausend Einwohnern eine moderne zukunftsweisende, aber zugleich harmonische, einladende Innenstadt mit einem attraktiven Geschäftsbereich schaffen sowie reichlich öffentlichen Raum zum Verweilen im Übergang zu nahe an der Innenstadt gelegenen Wohnbereichen gewähren. Ein wesentlicher Aspekt ist die Absicht, das ungeordnete Umfeld am Bergisch Gladbacher Kopfbahnhof städtebaulich reif für die Zukunft zu machen mit einem repräsentativen Bahnhofsvorplatz. Das Projekt beinhaltet weiterhin, den Bereich der Buchmühle mit dem großen, unbefestigten Parkplatz in eine innerstädtische Grünanlage mit einem offen fließenden Strunderbach zu verwandeln und das Entree in die Stadt von Süden her mit der großen Kreuzung Schnabelsmühle/Gohrsmühle attraktiver zu gestalten. Auch der östliche Zugang zur Stadt im Bereich der Alten Feuerwache soll neu entwickelt werden und Initiativen sollen kulturelle sowie künstlerische Akzente setzen.

Eine große Aufgabe: Die Bergisch Gladbacher Innenstadt soll einladender und moderner werden.

Regionale 2010 Wahner Heide/Königsforst

Im Zentrum der Region Köln/Bonn liegt mit dem Naturschutzgebiet Wahner Heide einer der bedeutendsten Schätze Nordrhein-Westfalens. Seit dem Abzug der belgischen Streitkräfte ist die Heide frei zugänglich – ein Gewinn für die Naherholung und gleichzeitig eine große Herausforderung, die unterschiedlichen Nutzungsansprüche der Freizeitsportarten mit dem Naturschutz in Einklang zu bringen. Das Regionale 2010-Projekt „Wahner Heide/Königsforst" will mit umfassender, visuell ansprechender Aufklärung und Information der Bevölkerung den Wert und die Bedeutung des einstmals zusammenhängenden Gebiets nahebringen. Dazu werden vier Portale eingerichtet: In Troisdorf auf Burg Wissem, in Köln im Gut Leidenhausen, in Rösrath im Turmhof und in Bergisch Gladbach im Forsthaus Steinhaus. Alle Portale sollen wesentliche Informationen über das gesamte Gebiet bereithalten und gleichzeitig vermittelt jedes Portal auch sein eigenes Profil. Auf Burg Wissem steht die Geschichte im Vordergrund, in Gut Leidenhausen der Konflikt zwischen Stadt und Landschaft, im Turmhof geht es um die Pflege und Bewirtschaftung der Wahner Heide, um diese als Heide zu erhalten, und das Forsthaus Steinhaus stellt den Wald als Ressource sowie für den Naturschutz heraus. Für alle Portale sind Portalvereine gegründet worden, die mit großem ehrenamtlichen Engagement die Gebäude betreiben und Wanderungen, Radtouren, Vorträge und weitere Veranstaltungen anbieten wollen.

Eines der Portale der Regionale 2010: das denkmalgeschützte Forsthaus Steinhaus im Königsforst

Bergisches Museum für Bergbau, Handwerk und Gewerbe
Burggraben 9–21,
51439 Bergisch Gladbach
Tel. 02204 / 555 59
www.bergischesmuseum.de
Anfahrt: A 4 Köln–Olpe, Abfahrt Bensberg, links bis Bensberg-Zentrum, rechts in die Alte Wipperfürther Straße, das Museum liegt auf der linken Seite
Parken: am Burggraben am Rathaus
Anreise mit ÖPNV: U-Bahn-Linie 1 von Köln bis Endstation Bensberg, dann über die Gartenstraße 5 Min. Fußweg

Isenburg in Köln-Holweide
Anfahrt: A 3 Köln–Oberhausen, Abfahrt Dellbrück, links in die Bergisch Gladbacher Straße bis Holweide, rechts in die Johann-Bensberg-Straße und Wichheimer Straße
Anreise mit ÖPNV: U-Bahn-Linie 18 von Köln-Hbf. bis Haltestelle Vischeringstraße

Kreishaus Bergisch Gladbach
Am Rübezahlwald 7,
51469 Bergisch Gladbach
Tel. 02202 / 130
Anfahrt: A 4 Köln–Olpe, Abfahrt Frankenforst, rechts über die Frankenforster Straße bis Bensberg-Zentrum, links über die Buddestraße Richtung Bergisch Gladbach-Zentrum, nach 1 km rechts abbiegen in Am Rübezahlwald
Anreise mit ÖPNV: S-Bahn-Linie 11 Köln–Bergisch Gladbach, dann Buslinie 227 Richtung Steinacker bis Haltestelle Kreishaus

Rheinisches Industriemuseum Papiermuseum Alte Dombach
des Landschaftsverbands Rheinland
Kürtener Straße, 51465 Bergisch Gladbach
Tel. 02202 / 93 66 80
www.industriemuseum.lvr.de –> Standorte –> Bergisch Gladbach
Anfahrt: A 4 Köln–Olpe, Abfahrt Frankenforst, rechts über die Frankenforster Straße bis Bensberg, links in die Buddestraße bis Bergisch Gladbach-Zentrum, dort an der großen Kreuzung rechts Richtung Kürten/Wipperfürth
Alternativ: A 3 Köln–Oberhausen, Abfahrt Dellbrück, links über die Bergisch Gladbacher Straße geradeaus bis Bergisch Gladbach, weiter Richtung Kürten/Wipperfürth bis zum Museum auf der linken Seite
Anreise mit ÖPNV: S-Bahn-Linie 11 Köln–Bergisch Gladbach, dann mit Buslinie 426 Richtung Kürten bis Haltestelle Dombach

Schloss Bensberg
siehe Bergisches Museum für Bergbau

Straßenbahnmuseum Köln-Thielenbruch
Museum der historischen Bahnen der Kölner Verkehrs-Betriebe
Gemarkenstr. 173, 51069 Köln
Tel. 0221 / 283 47 71
www.hsk-koeln.de
Jeden 2. So im Monat, 11–17 Uhr (Winterpause Jan.–Feb.)
Anfahrt: A 3 Köln–Oberhausen, Abfahrt Dellbrück, links in die Bergisch Gladbacher Straße, dann geradeaus bis Thielenbruch, rechts in die Thielenbrucher Allee bis zum Museum
Anreise mit ÖPNV: U-Bahn-Linie 18 von Köln-Hbf. bis Endstation Thielenbruch

Weitere Informationen zu den hier beschriebenen **Regionale 2010-Projekten**:
www.regionale2010.de
www.regio-gruen.de
www.stadtgestalten-gl.de
www.wahner-heide.com